नागरी लिपि

नागरी लिपि

डॉ. ब्रजमोहन

वाणी प्रकाशन

वाणी प्रकाशन
4695, 21-ए, दरियागंज, नयी दिल्ली 110 002
शाखा
अशोक राजपथ, पटना 800 004
फ़ोन : +91 11 23273167 फ़ैक्स : +91 11 23275710
www.vaniprakashan.in
vaniprakashan@gmail.com
sales@vaniprakashan.in

NAGARI LIPI
by Dr. Brijmohan

ISBN : 978-93-87409-74-3
Linguistics

प्रथम (वाणी) संस्करण
मूल्य : ₹ 400

सिटी प्रेस, दिल्ली-110 095 में मुद्रित

वाणी प्रकाशन का लोगो मक़बूल फ़िदा हुसेन की कूची से

अभिनन्दनीय प्रयत्न

सर्जनात्मक साहित्य के अंतर्गत किसी विशिष्ट काल अथवा क्षेत्र में अनेक महारथियों के एक साथ दर्शन होना कोई बड़ी बात नहीं है। भाषा की रंगतें और छटाएँ शोधने-परखने वालों के दर्शन भी यदाकदा होते ही रहते हैं परन्तु लिपि और ध्वनियों के लोक में जाकर विचरने वाले महानुभाव निश्चय ही विरल होते हैं।

'नागरी लिपि-रूप और सुधार' यशस्वी वैज्ञानिक डॉ० ब्रजमोहन के पिछले ढाई-तीन दशकों के विचार-मंथन का सुफल है। वे गणितज्ञ हैं, इसलिए स्वभाव से नियमनिष्ठ और सुतथ्यवादी है। यही कारण है कि जब वे लिपि के स्वरूप, उसके गुणों और दोषों का विचार करते हैं तो हम देखते हैं कि उनमें न तो रुढ़िवादियों का सा पूर्वग्रह है और न आमूल परिवर्तनवादियों का सा ध्वंसात्मक आग्रह ही। इसके विपरीत कुशल शल्यकर्मी की नाईं, आप एक एक आवरण का उद्घाटन करते हैं और केवल ऐसे ही अंगों का उच्छेदन या परिवर्तन करने के लिये उत्सुक हैं जो विकृत हैं, गति में बाधक हैं, अथवा अनावश्यक होने के कारण भार स्वरूप हैं। इस दृष्टि से आप तत्वचिंतक और दार्शनिक भी हैं।

जहाँ तक मुझे स्मरण है डॉ० ब्रज मोहन का लिपि संबंधी पहला लेख कोई 25 वर्ष पहले बाबू श्रीनिवासजी के लिपि सुधार संबंधी सुझावों के प्रतिक्रिया स्वरूप 'आज' साप्ताहिक में प्रकाशित हुआ था। और तब से बराबर समय समय पर आपके लिपि सुधार संबंधी 2 दर्जन से अधिक लेख विभिन्न पत्र-पत्रिकाओं में मेरे देखने में आये हैं। आपका हिंदी प्रेम सचमुच अनूठा है। यद्यपि आपका कार्य क्षेत्र गणित है तो भी आपका विचरण क्षेत्र हिंदी भाषा और देवनागरी लिपि है। आपने अब

तक लगभग 30 पुस्तकें लिखी हैं जिनमें से 22 हिन्दी में हैं। पिछले 25-30 वर्षों से आप अपने उत्कट हिन्दी प्रेम के कारण काशी हिन्दू विश्वविद्यालय के अपने सहयोगियों में विख्यात रहे हैं। कदाचित आप पहले भारतीय हैं जिन्होंने अपने निवास-स्थान पर यह पट लगाया हुआ है कि 'कृपया हिंदी में बोलिये' और आप ऐसे व्यक्ति से जल्दी अंग्रेजी में बात नहीं करते जिसे हिन्दी का ज्ञान हो।

यह पुस्तक 11 अप्रैल 1968 को प्रकाशित हो रही है जिस दिन डॉ० ब्रजमोहन अपने जीवन के 60 वर्ष पूरे कर रहे हैं। हम जगन्नियन्ता से प्रार्थना करते हैं कि आप शतायु हों और अभी दशकों तक हिंदी की सेवा करते रहें।

11 अप्रैल, 1968। —रामचंद्र वर्म्मा

अपनी बात

मैं मुरादाबाद का निवासी हूँ। आज से लगभग 50 वर्ष पहले मैं स्कूल का विद्यार्थी था। उन दिनों उत्तर प्रदेश के पश्चिमी भागों में उर्दू का बड़ा प्रचलन था। प्रत्येक कक्षा में 28-29 विद्यार्थी उर्दू के होते थे और 3-4 हिन्दी के। अतः स्कूल में मैं भी उर्दू का ही अध्ययन करता था।

किंतु उन दिनों भी लड़कियों के स्कूलों में अधिकतर हिंदी ही पढ़ाई जाती थी। अतएव मेरी बहनें हिन्दी ही पढ़ा करती थीं। प्रायः प्रत्येक घर का यही चलन था कि लड़कियाँ हिन्दी पढ़ती थीं और लड़के उर्दू। अतएव मेरी माता जी हिन्दी पढ़ा करती थीं और पिता जी उर्दू।

बचपन से ही मुझे अपनी माता जी से अधिक लगाव था। माताजी की भाषा हिन्दी मुझे देववाणी के रूप में दिखाई पड़ती थी। मुझे अपनी बहनों से ईर्ष्या हुआ करती थी क्योंकि वे माताजी की भाषा पढ़ती थीं और मैं उसे पढ़ नहीं पाता था। मैंने कई बार हिंदी सीखने का प्रयत्न किया किंतु इतना ही सीख पाया कि छोटी-छोटी कहानियाँ अटक अटक कर पढ़ लिया करता था। जब मैं नवीं कक्षा में पहुँचा तब मेरे हाथ 'चन्द्रकांता संतति' पड़ गई। उसे मैं दिन रात पढ़ा करता था। यहाँ तक कि स्कूल में मेरे डेस्क के ऊपर बीजगणित की पुस्तक रहती थी और दराज में 'चंद्रकांता संतति'।

इस प्रकार मैंने कुछ सप्ताहों में 'चंद्रकांता संतति' के चौबीसो भाग समाप्त कर दिये। अब मैं हिन्दी फर्राटे से पढ़ने लगा था। हिन्दी से मेरा संपर्क इस प्रकार स्थापित हुआ। औपचारिक रूप से मैंने न हिन्दी स्कूल में पढ़ी न कालिज में।

यह थी मेरे हिंदी प्रेम की पीठिका। यह प्रेम दिन पर दिन बढ़ता ही गया। और मुझे हिंदी भाषा में ही नहीं, नागरी लिपि में भी असाधारण रुचि आने लगी। पिछले 30 वर्षों में मैंने नागरी लिपि संबंधी 26 लेख लिखे हैं जो देश की भिन्न-भिन्न पत्रिकाओं में छपे हैं।

सप्ताह में एक या दो बार हमारी हिन्दी गोष्ठी हिन्दी के महारथी श्री रामचन्द्र वर्मा के घर पर हुआ करती है। मेरे अतिरिक्त उक्त गोष्ठी के निम्नलिखित सदस्य हैं:—

1—आचार्य रामचंद्र वर्मा।

2—उपन्यास लेखक बाबू दुर्गा प्रसाद खत्री।

3—बाबू शिवनाथ प्रसाद बेरी (अवकाश-प्राप्त एडवोकेट)।

4—डॉ० महाराज नारायण मेहरोत्रा, रीडर, भौमिकी विभाग, का० हि० वि०।

5—डॉ० बद्रीनाथ कपूर, पीएच० डी०।

इस गोष्ठी के एक और सदस्य थे श्री चन्द्रभाल जी जो गत वर्ष स्वर्ग सिधार गए।

इस गोष्ठी में हम लोग अधिकतर शब्द चर्चा किया करते हैं। कभी अंग्रेजी की एक शब्द माला ले लेते हैं और उसमें से प्रत्येक के लिये उपयुक्त हिन्दी शब्द निर्धारित करते चलते हैं। कभी वर्माजी की ही किसी पुस्तक की भाषा की टीका टिप्पणी होती है। उनमें से कदाचित् एक भी हिन्दी प्रयोग ऐसा नहीं है जिसे हम बिना आलोचना किये ही पारित कर दें। कभी कभी एक एक शब्द पर घंटों गहन विचार विनिमय चलता रहता है।

एक दिन गोष्ठी में ही मेरे मित्र डॉ० कपूर ने प्रस्ताव उपस्थित किया कि यदि मैं नागरी संबंधी अपने सभी लेख एकत्र कर दूँ तो वे सहर्ष उसे शब्द लोक प्रकाशन की ओर से पुस्तकाकार छाप देंगे।

उक्त प्रस्ताव मैंने तुरन्त स्वीकार कर लिया। किंतु यह काम इतना सरल नहीं निकला जितना मैंने समझा था। लेख तो आत्मपूर्ण हुआ

करता है। अतएव कभी कभी लेखों में ऐसी बाते दोहरानी पड़ती है जिनका समावेश पहले कतिपय लेखों में हो चुका हो। किंतु पुस्तक में यह त्रुटि अक्षम्य मानी जायगी। अतएव मुझे अपने समस्त लेखों को नए सिरे से सँजोकर भिन्न भिन्न अध्यायों में बाँटना पड़ा। इसमें लगभग दो महीने लग गये।

अब वही लेख पुस्तकाकार पाठकों के सम्मुख प्रस्तुत हैं। इस पुस्तक का प्रत्येक शब्द गोष्ठी में पारित हो चुका है। तब यदि मैं यह कहूँ कि पुस्तक मेरे एकाकी प्रयास का फल है तो गलत होगा। इसके प्रत्येक अक्षर पर गोष्ठी की छाप लग चुकी है। अतएव यदि इससे हिन्दी संसार की कुछ सेवा हो सकी तो उसका श्रेय गोष्ठी के समस्त सदस्यों को होगा।

काशी हिन्दू विश्वविद्यालय —ब्रजमोहन

३० मार्च १९६८

लेखक की अन्य कृतियाँ

१. ठोस ज्यामिति की शब्दावली	प्रेस बुक डिपो, काशी हिन्दू विश्वविद्यालय, (१९४६)।
२. प्रारम्भिक कलन	प्रेस बुक डिपो, काशी हिन्दू विश्वविद्यालय, (१९४७) मू० २-५०
३. इण्टरमीजियेट बीजगणित प्रश्नोत्तरी	: प्रेस बुक डिपो, काशी हिन्दू विश्वविद्यालय, (१९४८) मू० ०-७५
४. अंग्रेजी-हिन्दी वैज्ञानिक कोश, खण्ड १ (सहसम्पादकत्व में)	भारतीय हिन्दी परिषद, प्रयाग, (१९४८) मू० ३-००
५. माया वर्ग (Magic Squares)	प्रेस बुक डिपो, काशी हिंदू विश्वविद्यालय, (१९४८) मू० २-००
६. अंग्रेजी-हिन्दी वैज्ञानिक कोश, खण्ड २ (सहसम्पादकत्व में)	: भारतीय हिन्दी परिषद, प्रयाग, (१९५०) मू० २-५०
७. नियामक ज्यामिति भाग १ (Coordinate Geometry Part I)	: प्रेस बुक डिपो, काशी हिन्दू विश्वविद्यालय (१९५०) मू० २-५०
८. नियामक ज्यामिति भाग २ (Coordinate Geometry Pt. II)	प्रेस बुक डिपो, काशी हिन्दू विश्वविद्यालय, (१९५०) मू० २-५०

९. हमारे त्योहार — चौखम्भा संस्कृत सीरीज कार्यालय, बनारस, (१९५२) मू० १-५०

१०. The Intermediate Solid Geometry (4th edition) — Beniprasad Ramnarayan Lal, Prayag (1955) Rs. 1, 25

११. Key to Intermediate Solid Geometry — Vivekanand Pustakagar, Banaras, (1953) Rs. 00.75

12. The Intermediate Calculus (4th edition) — Beniprasad Ramnarayan Lal, Prayag (1954) Rs. 2. 00

१३. Solutions to the Intermediate Calculus. — Ramkrishna Pustakalaya, Banaras, (1954) Rs. 1,25

१४. The Intermediate Coordinate Geometry: — Hindi Pracharak Pustakalaya, Banaras, (1954) Rs. 4.00.

१५. गणितीय कोश — चौखम्भा संस्कृत सीरीज कार्यालय, बनारस (उत्तर प्रदेश सरकार द्वारा पुरस्कृत) (१९५४) मू० ९-००

१६. ठोस ज्यामिति (द्वितीय संस्करण) — हिन्दी साहित्य सम्मेलन, प्रयाग (१९५५) मू० १-५०

१७. माध्यमिक बीजगणित (सहसम्पादकत्व में) — हिन्दी प्रचारक पुस्तकालय, बनारस (१९५५) मू० २-२५

१८. Coordinate Ceometry for College students. — Ramkrishna Pustakalaya, Banaras (1955) Rs. 4.25

१९. माध्यमिक रेखागणित: हिन्दी प्रचारक पुस्तकालय, काशी (द्वितीय संस्करण) : १९५६ : मू० २-००

२०. माध्यमिक बीजगणित : हिन्दी प्रचारक पुस्तकालय, काशी (१९५६) मू० १-५०

२१. मोहन की मुरली (भजन संग्रह) बा० बैजनाथ प्रसाद बुकसेलर, राजा दरवाजा बनारस (१९५८) मू० ०-५६

२२. इण्टरमीजियेट ठोस ज्यामिति की कुंजी हिन्दी साहित्य सम्मेलन, प्रयाग, (१९५८) मू० १-५०

२३. The Complex Variable M/s P. C. Dwadashshreni & Co., Allahabad (1951) Rs. 7.50

२४. गणित का इतिहास : हिन्दी समिति—उत्तर प्रदेश सरकार, लखनऊ (१९६५) मू० ९.५०

२५. अनन्त श्रेणी (उत्तर प्रदेश सरकार के आदेश पर लिखित) प्रेस में।

२६. Coordinate Geometry—Kamla Publishing House, (in collaboration) Meerut, U. P. (1962) Rs. 5.25

२७. Higher Algebra (in collaboration) Kamla publishing House, Meerut, U. P. (1962) Rs. 6.75

२८. अवकलन गणित (उत्तर प्रदेश सरकार के आदेश पर लिखित) प्रेस में।

२९. निर्देशांक ज्यामिति (केन्द्रीय हिन्दी निदेशालय, भारत सरकार के आदेश पर लिखित) प्रेस में।

३०. आधुनिक रेखागणित : कमला पब्लिशिंग हाउस, मेरठ
(सहसम्पादकत्व में) मू० ३-००

३१. मोहन की बंशी चौखम्भा विद्या भवन, वाराणसी—१
(भजन संग्रह) (१९६४) मूल्य ७५

३२. रूपान्तर कलन वैज्ञानिक तक्नीकी आयोग, केन्द्रीय
(Transform Calculas) सरकार, नई दिल्ली (१९६७) ४-५०

—

विषय सूची

शुद्धि-पत्र

पृष्ठ	पंक्ति	अशुद्ध	शुद्ध
१२	७	कि	की
१६	५	लिजिये	लीजिए
१६	२	लिए	के लिए
१६	२	परले	पहले
१६	७	कहते	करते
२६	२३	कृ	ॠ
३१	६	पंचमक्षर	पंचमाक्षर
३२	१८	एक	कि
३३	६	इतनें	इसे इतने
३६	१७	दो	तीन
४२	१३	गृ	गृह
४४	१	उसी	इसी
४६	२	पूणं	पूर्ण रूप
४६	१६	अ	अ
४८	१	वणं	वर्ग
४८	११	इस	इसी
४८	१३-१४	ग्रन्थवाली	ग्रन्थावली
५२	१५	संड, एंड	सैंड, ऐंड
७२	६	जैसे	जैसा
७६	३	हम	हमारी
७६	६	कि	की
१५२	१२	अक्षरों	रेखांकित अक्षरों

१.

विषय प्रवेश

मनुष्य तीन प्रकार से अपने भाव प्रकट कर सकता है: संकेत से, बोलकर या लिखकर। जब तक बच्चा बोलना नहीं सीख लेता, बहुधा संकेतों से काम लेता है। जिस वस्तु को वह लेना चाहता है, उसकी ओर उँगली से संकेत करता है। प्रागैतिहासिक काल में जब तक मानव ने बोलना नहीं सीखा था, तब तक कदाचित् संकेतों से ही काम चलाता होगा। आजकल भी विशेष परिस्थितियों में हम लोग संकेतों का उपयोग करते हैं। कभी कभी भगवान् का नाम लेने के बदले आकाश की ओर उँगली उठाकर कहते हैं कि वही जाने! बन्द मुट्ठी का अर्थ होता है 'धन का बाहुल्य'। हम मुट्ठी बन्द करके किसी के विषय में कहते हैं कि आजकल उसकी मुट्ठी गरम है। परन्तु उसी मुट्ठी को थोड़ा ऊपर उठाकर किसी को दिखाइए तो वह समझेगा कि आप उसे मारना चाहते हैं। अँगूठे को उलटा लटकाकर नीचे से ऊपर की ओर ले जाइए तो उसका अर्थ होगा—टीका काढ़ना। परन्तु उसी अँगूठे को सीधा खड़ा करके किसी को दिखाइए तब उसका अर्थ बिलकुल भिन्न हो जाएगा। इस प्रकार की भाषा को सांकेतिक भाषा कहते हैं।

यह स्पष्ट है कि सांकेतिक भाषा से हम केवल थोड़े से ही भावों को व्यक्त कर सकते हैं। यदि आपको भूख लगी हो तो आप कौर बनाकर मुँह की ओर ले जाएंगे। यदि प्यास लगी हो तो हाथ से चुल्लू बनाकर मुँह पर रख देंगे। परन्तु यह भाव आप किस तरह व्यक्त करेंगे कि "कवि 'निराला' की शैली बड़ी सुन्दर है।" सांकेतिक भाषा का प्रयोग बहुत ही परिमित क्षेत्र में हो सकता है।

बच्चे कभी-कभी एक पहेली बुझाया करते हैं। किसी से पूछते हैं कि "गूंगा रोटी कैसे माँगेगा ?" जिससे पूछते हैं वह हाथ से ग्रास बनाकर मुँह की ओर ले जाता है। तब बच्चा पूछता है कि "अंधा पानी कैसे माँगेगा ?" बिना सोचे समझे दूसरा व्यक्ति हाथ से चुल्लु बनाकर मुँह की ओर ले जाता है। वह भूल जाता है कि अंधे के मुँह में तो ज़बान है। वह बोलने के लिए सांकेतिक भाषा का प्रयोग क्यों करेगा।

जब हम लोग विदेश जाते हैं तो कभी-कभी सांकेतिक भाषा का उपयोग करना पड़ता है। कई बार यूरोप में मैंने इसी तरह संकेतों द्वारा रेस्टोराँ और होटल का पता चलाया था। परन्तु कभी-कभी बड़ी उलझन पड़ जाती थी। एक बार मैं बरलिन में था। मेरी गृह-स्वामिनी अंग्रेज़ी बिल्कुल नहीं जानती थी और मैं जर्मन बिल्कुल नहीं जानता था। जब वह बातें करती थी, मैं समझता था मानों मुझे गाली दे रही हो। कभी-कभी जब उसकी बात मेरी समझ में नहीं आती थी, तब मैं भी झुँझला पड़ता

था। जितना वह मुझे समझती थी, उतना ही मैं उसे समझता था। कभी-कभी हम लोगों का काम संकेतों से चल जाता था। परन्तु एक दिन ऐसा हुआ कि मैं बाहर जा रहा था। मैं उससे यह कहना चाहता था कि 'मैं आज रात को देर से लौटूँगा।' मैंने उसे हाथ के संकेत से समझाना चाहा। वह न जाने क्या समझी कि गिलास भरकर दूध ले आयी। तब मैंने दूसरा संकेत किया, जिसका अर्थ यह था कि मैं आज रात उस समय लौटूँगा, जब सब लोग सो जाएंगे। उसने न जाने क्या अर्थ लगाया। वह दौड़ी हुई गई और एक तकिया उठा लाई।

आज से सहस्रों वर्ष पूर्व एक समय ऐसा भी रहा होगा, जब मनुष्य ने सांकेतिक भाषा के साथ-साथ मौखिक भाषा भी सीखी होगी। सर्व-प्रथम मनुष्य कुछ जानवरों की बोली बोलता होगा। आज-कल की माँजी हुई विकसित बोली नहीं बन पाई होगी। आज-कल भी कुछ लोग ऐसे होते हैं, जो जानवरों की बोलियाँ समझ लेते हैं। हमारे यहाँ ऐसे लोगों को 'शगुनिया' कहते हैं।

यहाँ मैं एक सच्ची घटना सुनाता हूँ। मुरादाबाद के एक निवासी थे साहू बालक राम। उनका साईस 'शगुनिया' था। साहू जी मुरादाबाद से पाँच मील दूर अपनी जमींदारी पर अपने ताँगे से जाया करते थे। मार्ग में एक छोटी सी नदी पड़ती थी जिसपर वे सदा पड़ाव डाला करते थे। एक बार वे इसी प्रकार पड़ाव डाले हुए थे कि पास के पेड़ पर दो कौए बैठे काँव-काँव करने लगे। इन्होंने साईस से कहा—बताओ ये कौए क्या

बातें कर रहे हैं ? साईस बोला कि एक कौआ दूसरे से कह रहा है कि चलो सामने के मैदान में चलें। दूसरा कौआ उत्तर देता है कि देखो सामने से एक बैलगाड़ी आ रही है। उसके बैलों में से एक मरनेवाला है। उसका माँस खाकर चलेंगे।

रईस ने देखा कि वास्तव में सामने से एक बैलगाड़ी आ रही है जिसके दोनों बैल हृष्ट-पुष्ट हैं। समझ में नहीं आया कि उनमें से एक बैल मर कैसे जाएगा। साईस ने कहा--थोड़ी देर रुक जाइए अभी मेरी बात की सच्चाई मालूम हो जाएगी।

वे लोग रुक गये। थोड़ी देर में बैलगाड़ी आ पहुँची। बैल-गाड़ी वाले ने गाड़ी से बैल खोले और पानी पिलाने नदी की ओर ले चला। पानी तक बैल पहुँच भी नहीं पाए थे कि अचानक उनमें से एक बैल ने दूसरे के पेट में अपना सींग घुसेड़ दिया। दूसरा बैल वहीं गिर कर ढेर हो गया।

आज से दो पीढ़ियों पहले की बात है। बनारस के एक प्रसिद्ध ज्योतिषी थे जो किसी बरात में जा रहे थे। नगर से दूर एक कुएँ के पास बारात ने पड़ाव डाला। ज्योतिषी जी कुएँ पर बैठे हुए थे कि बगल के पेड़ से एक चिड़िया बोली। चिड़िया की बोली सुनकर ज्योतिषी जी अपने एक मित्र से बोले, "मैं बरात में नहीं जाऊँगा क्योंकि दूल्हा विवाह के पहले ही मर जाएगा।" ज्योतिषी जी वहीं से बनारस लौट पड़े। दूल्हे का वास्तव में विवाह होने के कुछ ही मिनट पहले स्वर्गवास हो गया।

कुछ गाँवों में यह प्रथा थी कि जब कोई स्त्री गर्भिणी होती थी तब उसके घरवाले पानी से भरी हुई एक नाँद जंगल में आधी गाड़ आते थे। वह पानी जंगल के पशु और पक्षी पिया करते थे। तत्पश्चात वही पानी उक्त स्त्री को पिलाया जाता था। लोगों का विश्वास था कि जब उस स्त्री के बच्चा होता था तब वह उन सब जानवरों की बोलियाँ बोल लेता था जिन्होंने उस नाँद में से पानी पिया हो।

इसमें सन्देह नहीं कि भिन्न-भिन्न देशों में जलवायु और रहन-सहन की भिन्नता के कारण ही भिन्न-भिन्न बोलियाँ बनी होंगी। आज भी संसार में सैकड़ों प्रकार की बोलियाँ हैं, जिनमें बहुत-सी तो ऐसी हैं कि उनमें कोई प्रत्यक्ष सम्बन्ध दिखायी नहीं देता। आज भी एक देश के निवासी जब दूसरे देश में जाते हैं तो बोली की भिन्नता के कारण उन्हें कठिनाई का सामना करना पड़ता है। एक बार जब मैं फ्रांस में था, हम लोगों को प्यास लगी। फ्रांस में बियर तो हर जगह मिल जाती है, पानी कठिनता से मिलता है। मैंने एक फ्रांसीसी को अंग्रेजी में बहुतेरा समझाया कि मैं पानी पीना चाहता हूँ, परन्तु वह अंग्रेजी बिलकुल नहीं समझता था। उसकी समझ में न आया। तब मैंने अपनी पत्नी से कहा कि 'ओह! यह तो इतना भी नहीं समझता।' फ्रेंच भाषा में 'ओ' कहते हैं पानी को। तब वह फ्रांसीसी समझा कि मैं पानी पीना चाहता हूँ और उसने मुझे नल के पास ले जाकर खड़ा कर दिया।

बोलना सीखने के हजारों वर्ष बाद तक लिखने की आवश्यकता नहीं पड़ी होगी। इसलिए लिपि का आविष्कार बहुत देर में हुआ होगा। उस समय समस्त धार्मिक रचनाएँ कंठस्थ कर ली जाती थीं। बाप बेटे को याद कराता था, बेटा पोते को। वेदों का अस्तित्व इसी प्रकार पीढ़ी दर पीढ़ी बना रहा। साहित्य का निर्माण तो होता था, परन्तु उसे लिपिबद्ध करने का कोई साधन नहीं था। कुछ लोगों का पैतृक व्यवसाय यही हो गया था कि वे विवाहों और उत्सवों के अवसर पर कविता सुनाया करते थे।

उसके बाद एक ऐसा समय भी आया होगा जब हमारे पूर्वजों को अपनी रचनाएं सुरक्षित रखने के लिए लिपि की आवश्यकता पड़ी होगी। इसका कारण यह रहा होगा कि कुछ वंशों का, जिनमें सन्तान न हुई होगी, पैतृक साहित्य नष्ट हो गया होगा। इसलिये उन्हें इस बात की चिन्ता हुई होगी कि कोई ऐसा उपाय निकाला जाय, जिससे साहित्य स्थायी रूप में सुरक्षित रह सके। अतः उन्होंने लिपि का आविष्कार किया। इतिहास इस बात का साक्षी है कि सबसे पुरानी लिपि चित्रकारी के रूप में थी। हिन्दुओं में आजकल भी उत्सवों पर दीवारों पर चित्र बनाये जाते हैं और यह रिवाज उसी चित्रलिपि का भग्नावशेष है। 'लिपि' और लेपन दोनों संस्कृत धातु 'लिप्' से बने हैं और इसी से हमारा हिन्दी शब्द लीपना बना है। यह शब्द अभी तक उपयोग में आता है। हमारे हिन्दी के प्रयोग हैं गोबर लीपना, लीपलाप, लीपा-पोती।

मेरी समझ से तो लिपि ऐसी होनी चाहिए जो सरलता से समझ में आ जाए। एक न्यायाधीश के बारे में सुना जाता है कि वह तीन प्रकार की लिखावट लिखता था। एक तो ऐसी जो वह स्वयं ही पढ़ सकता था, संसार में कोई और नहीं पढ़ सकता था। उसकी दूसरी लिखावट ऐसी थी जिसे केवल उसका मुंशी या लिपिक ही पढ़ सकता था और तीसरी लिखावट ऐसी थी जिसे वह दोनों ही नहीं पढ़ सकते थे।

संसार में सबसे प्राचीन लिपि कौन सी है, यह कहना कठिन है। किन्तु इतना निश्चित है कि भारत की सबसे पुरानी लिपियाँ, जिनका हमें पता चला है, खरोष्ठी और ब्राह्मी लिपियाँ थीं। किस प्रकार ब्राह्मी लिपि कई अन्य रूप धारण करती हुई, समय-समय पर बदलती रही, इसका बड़ा रोचक इतिहास है। भारत की अधिकांश आधुनिक लिपियाँ-नागरी, बंगला, गुजराती, मराठी...ब्राह्मी लिपि से ही निकली हैं। इन लिपियों ने बीच के समय में क्या-क्या रूप धारण किए, इसकी तालिका 'भारत माता मन्दिर' काशी में एक दीवार पर दी हुई हैं। उसका अध्ययन इस विषय के विद्यार्थियों और अन्य शोध-छात्रों के लिए बहुत शिक्षाप्रद होगा।

कुछ वर्षों से नागरी लिपि के सुधार का प्रश्न छिड़ा हुआ है। इन कई वर्षों में इस विषय पर सैकड़ों ही लेख निकल चुके हैं। एक ओर तो कुछ लकीरपन्थी हैं, जो लिपि के प्रस्तुत रूप में कोई

भी संशोधन करने को तैयार नहीं हैं। ऐसे लोगों से विवाद करना व्यर्थ है। जो लोग जानबूझ कर कूपमण्डूक बने रहना चाहें, उन्हें कौन समझा सकता है? संसार बदल गया, परन्तु यह लोग अपनी उसी पुरानी पगडण्डी पर चलना चाहते हैं। रेलगाड़ी, मोटर, वायुयान—यातायात के आधुनिक साधनों के रहते हुए यदि कुछ व्यक्ति सदैव बैलगाड़ी पर ही चलना पसंद करें तो उन्हें रेल पर बैठने के लिए कौन विवश कर सकता है? हम थोड़ी देर के लिए मान लेते हैं कि नागरी एक वैज्ञानिक और सरल लिपि है—कदाचित् भारतीय लिपियों में सबसे सरल लिपि है और संभवतः संसार-भर की लिपियों में सबसे सरल और वैज्ञानिक है। परन्तु क्या इसका तात्पर्य यह हुआ कि नागरी लिपि में कोई दोष है ही नहीं? या इससे यह निष्कर्ष निकला कि नागरी-लिपि और भी सरल और वैज्ञानिक नहीं बनाई जा सकती? और यदि यह सम्भव हो, तो इस दिशा में उद्योग करने में क्या आपत्ति है?

आज-कल का समय यन्त्रों का युग है। अब वह समय आ गया है कि हम अपनी लिपि की उपयोगिता मुद्रलिख (टाइपराइटर), दूरमुद्रक, मोनोटाइप, लाइनो टाइप आदि के सन्दर्भ में प्रमाणित करें। हिन्दी के मुद्रण में लगभग ७०० मुद्रियाँ रखनी पड़ती हैं जबकि अँग्रेज़ी के मुद्रण में सवा सौ-डेढ़ सौ से काम चल जाता है। यदि हम किसी प्रकार नागरी लिपि में थोड़ा

बहुत संशोधन करके हिन्दी मुद्रण को अधिक सुविधाजनक और कम खर्चीला बना सकें तो क्यों न बना दें।

मुद्रलिख (टाइपराइटर) में एक-एक बटन महत्वपूर्ण होता है। एक कहावत है कि हमारे पुराने ऋषियों को किसी वाक्य में से एक वर्ण घटाने में उतनी ही प्रसन्नता होती थी, जितनी एक पुत्र के जन्म से। यदि किसी सुधार से हम मुद्रलिख का एक भी बटन घटा सकें, तो उस सुधार का काफी महत्व होगा। जब कभी हमारी लिपि में इस आधार पर सुधार सुझाए जाते हैं कि इससे मुद्रण और मुद्रलेखन में सुविधा हो जाएगी, तो कट्टरपंथी चिल्ला उठते हैं कि "शरीर के लिए कोट नहीं काटा जा रहा, वरन् कोट के लिए शरीर काटा जा रहा है। प्रेस और मुद्रलिख लिपि के लिए बने हैं, लिपि, प्रेस और मुद्रलिख के लिए नहीं बनी।" परन्तु मेरी धारणा यह है कि भाषा, लिपि, प्रेस और मुद्रलिख सब मनुष्य की सुविधा के लिए बने हैं। यदि इनमें से किसी में भी काट-छाँट करने से हमारी सुविधा बढ़ती है तो ऐसी काट-छाँट अवश्य ही कर देनी चाहिए। हम मुद्रलिख और प्रेस के लिए अपनी लिपि को नहीं बदल रहे, वरन् अपनी सुविधा के लिए लिपि, प्रेस और मुद्रलिख तीनों को बदल रहे हैं। यदि किसी दिन मनुष्य को मुद्रलिख के बहिष्कार में ही अपना कल्याण दिखाई देगा, तो वह अवश्य ही मुद्रलिख को नष्ट कर देगा।

✓ भाषा और लिपि के जीवित होने का लक्षण ही यह है कि उसमें समयानुकूल परिवर्तन और विकास होता रहे। क्या रोमन

लिपि का सदैव यही रूप था जो आज है ? एक परिवर्तन तो हमारे सामने ही हो गया है। आज से लगभग चालीस वर्ष पहले स्कूलों में अंग्रेज़ी व्याकरण के अंतर्गत द्विस्वर (Diphthongs) और त्रिस्वर (Tripthongs) पढ़ाए जाते थे। तनिक इन शब्दों पर ध्यान दीजिए :

Formulae, Aesop

इन शब्दों का पुराना रूप यह था:

Formulæ, Æsop

किन्तु आज कौन इन्हें इस प्रकार लिखता है ? क्या नागरी लिपि में परिवर्तन नहीं होते रहे हैं ? यदि ऐसा न होता तो आज तक हमारे देश में वही ब्राह्मी लिपि चलती होती जिससे नागरी लिपि का विकास हुआ है। यह तो रही पुरानी बात। हमारे देखते-देखते नागरी लिपि में कई संशोधन हो गये हैं।

(१) तनिक इन शब्दों पर ध्यान दीजिए :

मिलन शान्ति स्थित

यह इन शब्दों का शुद्ध रूप है। इन शब्दों में इनकी मात्रा का दाहिना सिरा क्रमशः म, त, थ की खड़ी लकीर के दहिने सिरे से छूना चाहिए। किन्तु मुद्रण की सुविधा के लिए ये शब्द इस प्रकार लिखे जाते हैं :

मिलन, शान्ति, स्थित

आज कौन हिंदीविद् कहता है कि इस प्रकार लिखना ग़लत है ?

(२) तीन शब्दों का वास्तविक रूप

ब्रह्म, अपराह्ण, आह्वान

हैं। किन्तु अब बहुत से मुद्रणालय इस प्रकार का अस्वर ह रखने लगे हैं। अतः उपरिलिखित शब्द इस प्रकार

ब्रह्म, अपराह्न, आह्वान

छापते हैं और कोई इन पर नाक-भौं नहीं सिकोड़ता।

✓(३) इन शब्दों पर विचार कीजिए:

हृदय, ह्रस्व

हमारे टाइपराइटरों पर यह शब्द इस प्रकार लिखे जाते हैं :

हृदय, ह्रस्व

इस प्रकार के युक्ताक्षरों को भी हिन्दी जनता स्वीकार करती जा रही है।

✓(४) कुछ प्रेस ये दो शब्द

रुपया, रूप

[इस प्रकार

रुपया रूप

छापते हैं। क्या ये रूप असहनीय हैं?

(५) पिछले कुछ वर्षों से हिंदी के बहुत से लेखकों ने कुछ अंग्रेज़ी विराम चिह्नों का उपयोग करना आरम्भ कर दिया है।

, ; ? ! : " "

ऐसा करने के लिए किसी ने उनसे कहा तो नहीं था। किन्तु उन्होंने देखा कि इनसे भाषा की अभिव्यंजना शक्ति बहुत बढ़ जाती

है। इसी कारण केन्द्रीय सरकार ने भी इन्हें स्वीकार कर लिया है।

✓(६) कुछ वर्ष पहले 'हैं' और 'क्यों' इस प्रकार लिखे जाते थे:—

हैँ, क्योँ

किन्तु अब चंद्रबिंदु के स्थान पर केवल बिंदी का प्रयोग होता है। छापे ही कि सुविधा के कारण न ?

(७) तनिक इन शब्दों पर विचार कीजिए :

शङ्ख, रङ्ग, ठण्ढा, रञ्ज

अब ये शब्द प्रायः इस प्रकार लिखे जाते हैं :

शंख, रंग, रंज, ठंढ

(८) कुछ युक्ताक्षरों का पुराना रूप यह है :

लिप्त, बच्चा, राष्ट्र

किन्तु अब तो ये शब्द प्रायः इस प्रकार लिखे जाते हैं।

लिप्त, बच्चा, राष्ट्र

अर्थात्, जो युक्ताक्षर ऊपर नीचे लिखे जाते थे, अब आगे पीछे लिखे जाते हैं।

(९) कुछ युक्ताक्षरों के रूप में तो इस से अधिक परिवर्तन हुआ है। देखिए :

पुराना रूपः—**निश्चय, पंक्ति, चित्त**

नया रूपः—**निश्चय, पंक्ति, चित्त**

इन उदाहरणों से स्पष्ट है कि नागरी लिपि का स्वरूप भी परिवर्तित होता चला आ रहा है। यह सुधार तो लोग आपसे आप करते जा रहे हैं। सुधार विरोधी यह कहेंगे कि "लिपि में आपसे आप सुधार होना एक बात है और उसमें ज़बरदस्ती सुधार करना बिल्कुल दूसरी बात है। इस प्रकार कहीं भाषा और लिपि की प्रकृति बदला करती है।"

ऐसे व्यक्तियों से हमारा नम्र निवेदन है कि हम किसी नदी की गति को रोक तो नहीं सकते, उसे उलटी ओर बहा भी नहीं सकते, किन्तु उसकी दिशा विस्थापन अवश्य कर सकते हैं। यह तो दिन रात इंजीनियरी विज्ञान कर रहा है। सन् १९५३ और १९५७ में लखनऊ में नागरी लिपि सुधार सम्मेलन हुए जिन्होंने हमारी लिपि में कुछ सुधार प्रस्तुत किए। तत्पश्चात् १९५९ में दिल्ली में शिक्षा मंत्रियों का सम्मेलन हुआ जिसने उक्त सुधारों में से अधिकांश पर अपनी छाप लगा दी। १९५५ में केन्द्रीय सरकार के शिक्षा मंत्रालय ने एक हिन्दी मुद्रलिख और दूर-मुद्रक समिति बनाई। १९५८ में उक्त समिति का प्रतिवेदन प्रकाशित हुआ। समिति ने मुद्र-लेखन और दूर-मुद्रण के विचार से हमारी लिपि में कुछ सुधारों की संस्तुति की। उक्त सुधारों के अनुसार ही हिंदी के नये टाइपराइटर बनाये गये जिनका प्रयोग अब देश के भिन्न-भिन्न कार्यालयों में हो रहा है और दिन पर दिन बढ़ता जा रहा है। यह सुधार आपसे आप नहीं हुए, वरन् योजनानुसार किये गये हैं। यों कहिए कि लकीर-

पन्थियों की दृष्टि में ज़बरदस्ती किये गये हैं। किन्तु उक्त सुधार तो अब चल कर ही रहेंगे। यह तो समय की पुकार है जिसे कोई नहीं रोक सकता।

विदेशी कहते हैं कि हिन्दी कोई सरल भाषा नहीं है। यह बात हिंदी प्रेमियों को कुछ अटपटी लगेगी क्योंकि अपनी भाषा सबको सरल दिखाई पड़ती है। किन्तु इस विषय में विदेशियों की सम्मति अधिक मान्य है। इसके अतिरिक्त नागरी लिपि भी कोई सरल अथवा वैज्ञानिक लिपि नहीं है। पाठकगण इस विषय में ग्रन्थवाली के तत्संबंधी लेख देखें। हाँ नागरी वर्णमाला बहुत कुछ अंशों में सरल और वैज्ञानिक है, और इसी कारण हिंदी की उच्चारण पद्धति यूरोपीय भाषाओं की भाँति जटिल नहीं है। यदि हम नागरी की वर्णमाला और लिपि में थोड़ा बहुत संशोधन कर दें तो संभव है कि वह किसी दिन विश्व भाषा की वर्णमाला का आधार बन जाए।

कुछ आलोचक कहेंगे कि एक तो वे लोग हैं जिनकी भाषा की वर्णमालाएँ बहुत कुछ त्रुटिपूर्ण हैं जैसे अँग्रेज़। वे लोग तो अपनी वर्णमालाओं में कोई संशोधन नहीं कर रहे हैं और एक हम हैं कि अपनी प्रायः पूर्ण वर्णमाला में भी तोड़-मरोड़ करनें को तैयार हैं। किन्तु सोचने की बात यह है कि और भाषाओं की वर्णमालाएँ तो इतनी त्रुटिपूर्ण हैं कि उन्हें संशोधित करके किसी

प्रकार वैज्ञानिक बनाया ही नहीं जा सकता। हमारी वर्णमाला को पूर्ण वैज्ञानिक होने में थोड़ी सी ही कसर है। तो क्यों न हम वह कमी पूरी करके उसे पूर्णतः वैज्ञानिक बना दें वह किसी दिन समस्त संसार की भाषा की वर्णमाला बन सके।

जहाँ तक हो सके, सुधार ऐसे होने चाहिए जो भाषा को और भी सरल और वैज्ञानिक बना सकें। किन्तु आदर्श के पीछे हमें यथार्थ को नहीं भूलना चाहिए। आज हमारी भाषा और लिपि को संसार की अन्य भाषाओं और लिपियों की दौड़ में सम्मिलित होना है। जीत उसी भाषा और लिपि की होगी जो व्यावहारिक दृष्टि से सबसे सरल हो। अतएव, यदि कहीं लिपि की सरलता और वैज्ञानिकता में संघर्ष आ पड़े तो हम सरलता का ही पक्ष लेंगे। यही हमारा दृष्टिकोण है।

परन्तु जब हम लिपि संशोधन का प्रस्थापन करते हैं, तो उसका अर्थ यह नहीं है कि हमारी लिपि में अनावश्यक रूप से आमूल परिवर्तन कर दिये जाएँ। संशोधन और आमूल परिवर्तन में बड़ा अंतर है। कुछ सुधारकों ने ऐसे सुझाव दिये हैं जिनसे नागरी लिपि के स्थान पर एक नई ही लिपि बन जाती है। जब तक यह निर्विवाद रूप से सिद्ध न हो जाए कि ऐसे परिवर्तन अत्यावश्यक और अनिवार्य हैं, तब तक हम उसका अनुमोदन नहीं कर सकते। इसके अतिरिक्त हम यह भी चाहते हैं कि नागरी लिपि के अक्षरों की सुंदरता जहाँ तक हो सके अक्षुण्ण बनी रहे।

२.

वर्णमाला

वर्णमाला और लिपि में अंतर है। वर्णमाला का सम्बन्ध उच्चारण से है, लिपि का लिखावट से। वर्ण तो लघुतम ध्वनि इकाई का सूचक होता है और लिपि उसका संकेत है। मान लीजिये कि रोमन लिपि हमारी नागरी वर्णमाला को अपना ले। तो उसके वर्ण इस प्रकार के हो जाएँगे :

ka, kha, ga, gha, na

cha, chha, ja, jha, na

यह वर्णमाला तो नागरी कहलाएगी किंतु लिपि रोमन ही रहेगी। इसके विपरीत यदि अंग्रेज़ी भाषा हमारी नागरी लिपि को अपना ले तो उसके वर्ण इस प्रकार लिखे जाएँगे :

ए, बी, सी, डी, ई

यह लिपि तो नागरी कहलाएगी किन्तु इसकी वर्णमाला रोमन होगी। मान लीजिए कि हम हिन्दी का शब्द

सेवक

लिखते हैं। यह शब्द नागरी वर्णमाला और नागरी लिपि में लिखा गया है। रोमन लिपि में इसका लिप्यंतरण

Sevak

होगा। यह शब्द अब भी हिन्दी का ही है किन्तु इसमें रोमन वर्णमाला और रोमन लिपि का प्रयोग किया गया है। अब यदि कोई कहे कि इसी शब्द को रोमन लिपि और नागरी वर्णमाला में लिखो तो इसके लिखने का ढंग यह होगा :

Se va k

इसे पढ़ेंगे :

से व क

यही शब्द रोमन वर्णमाला और नागरी लिपि में इस प्रकार लिखा जाएगा :

एस ई वी ए के

इस शब्द का अंग्रेजी समार्थक होगा :

Servant

यह शब्द अंग्रेज़ी भाषा का है और रोमन वर्णमाला और रोमन लिपि में लिखा गया है। इस शब्द का नागरी लिप्यन्तरण होगा :

सर्वेण्ट

इस शब्द की वर्णमाला और लिपि दोनों नागरी की हैं। इसकी अक्षरी इस प्रकार होगी :

स र् वॆ ण ट

उक्त शब्द रोमन वर्णों और नागरी लिपि में इस प्रकार लिखा जाएगा :

एस ई आर वी ए एन टी

उपरिलिखित शब्द हम नागरी वर्णों का प्रयोग करके रोमन लिपि में इस प्रकार लिखेंगे :

Sa ra vai na ta

ये बातें हम यहाँ स्थूल रूप से ही दे रहे हैं। वास्तव में न अक्षरों में र और ण दोनों व्यंजन स्वर-रहित होंगे जिनके लिए सम्भवतः कुछ नये चिह्न बनाने पड़ेंगे। इसके अतिरिक्त ण के निरूपण के लिए भी n के ऊपर कोई विशेष चिह्न लगाना होगा।

अतएव, वर्णमाला और लिपि में वास्तविक अन्तर है। हमारे विचार में एक आदर्श वर्णमाला में ये गुण होने चाहिए :

(१) उसमें अधिक से अधिक प्रकार की ध्वनियों का समावेश हो।

उपरिलिखित अनुबंध से हमारा यह तात्पर्य नहीं है कि किसी भाषा की वर्णमाला में संसार की सारी ध्वनियों का समावेश हो जाए। यदि ऐसा हो तो मराठी अथवा बंगला वर्णमाला में उन समस्त ध्वनियों को स्थान मिलना चाहिए जो दक्षिण अमेरिका अथवा टुण्ड्रा की किसी भी बोली में प्रयुक्त होती हों। इस प्रकार तो प्रत्येक भाषा की वर्णमाला की ध्वनियों की संख्या सैकड़ों तक पहुँचेंगी और वर्णमाला एक "चूं चूं का मुरब्बा" बनकर रह जाएगी। न यह स्तुत्य है, न आवश्यक, न व्यावहारिक।

भाषा विचार-विनिमय का साधन है, और भाषा को लिखित रूप देने लिए लिपि बनाई जाती है। लिपि तैयार करने से पहले उसका एक ढाँचा प्रस्तुत किया जाता है। इसी ढाँचे को वर्ण-माला कहते हैं। अतएव भाषा और वर्णमाला का अटूट सम्बन्ध है। प्रारम्भ में छोटी-छोटी बस्तियों और जंगलों के निवासियों के आदान-प्रदान के लिए बोली का जन्म हुआ होगा। जिन प्राथमिक ध्वनियों का प्रयोग उक्त स्थान के निवासी करते होंगे, या यों कहिए कि जो ध्वनियां उनके मुह से नैसर्गिक रूप से निकलती होंगी, उन्हीं की व्यवस्था से वर्णमाला बनी होगी। धीरे-धीरे समाज का विस्तार होता गया, गाँवों और नगरों का पारस्परिक सम्पर्क बढ़ता गया। इस प्रकार लोगों की बोलियों में नई-नई ध्वनियों का समावेश होता गया। बहुत दिनों बाद जब बोली ने विकसित होकर भाषा का रूप धारण किया तब स्वभावतः उपरिलिखित समस्त ध्वनियों का समावेश उक्त भाषा में हो गया।

स्पष्ट है कि किसी भाषा की वर्णमाला में उन सब ध्वनियों का समावेश होना चाहिए जो उक्त भाषा-भाषियों की बोलचाल में प्रयुक्त होती हों। इतना ही नहीं, यदि उक्त भाषा की वर्णमाला में उन ध्वनियों का समावेश भी हो जाए तो जो ऐसे अन्य लोगों की बोलियों में प्रयुक्त होती हों जो उक्त भाषा-भाषियों के संपर्क में आते हों तो और भी अच्छा है। यों तो आज-कल की दुनियाँ में प्रत्येक देश प्रायः प्रत्येक अन्य देश के संपर्क में आता है, और हमारे विचार

विनिमय का क्षेत्र दिन पर दिन बढ़ता जा रहा है। किंतु, जैसा हम ऊपर कह चुके हैं, उस ऊँचे आदर्श तक पहुँचना तो कठिन है जिसमें सब क्षेत्रों की ध्वनियों का समावेश हो। हम इस प्रसंग में किसी एक भौगोलिक प्रदेश को एक स्वतंत्र इकाई मान सकते हैं। अतः यह निष्कर्ष निकला कि किसी भी भारतीय भाषा की वर्णमाला में उन समस्त ध्वनियों का समावेश होना चाहिए जिनका उच्चारण देश के अधिकतर भागों के निवसी करते हों। यदि हम इस नियम का पालन भी कड़ाई से करें तो ध्वनियों की संख्या बहुत बढ़ जाएगी। अतएव, व्यावहारिक दृष्टि से हम इस नियम में यह संशोधन कर सकते हैं कि जो ध्वनियाँ देश के बहुत छोटे भूखण्डों में प्रयुक्त होती हों, अथवा जिन ध्वनियों का प्रयोग यदाकदा ही होता हो, उन्हें छोड़ सकते हैं। जिन ध्वनियों का प्रयोग बहुधा सामान्य रूप से, और विशेषकर देश के बड़े-बड़े भूभागों में होता हो, उनको तो हमारी भाषाओं में अवश्य स्थान मिलना चाहिए।

(२) कोई वर्ण निरर्थक न हो।

इस अनुबंध का एक सीधा सादा अर्थ तो यह है कि कोई भी वर्ण ऐसा न हो जो काम में न आता हो। मान लीजिए कि हम कुत्ते की भौं भौं या किवाड़ की चूं-चूं की ध्वनि के लिए भी कोई वर्ण निर्धारित कर दें, तो उक्त वर्ण मनुष्योचित व्यापार में इतने कम काम में आयेंगे कि उनका वास्तविक उपयोग नगण्य हो जायगा। अतः वर्णमाला में केवल ऐसी ही ध्वनियाँ रहनी

चाहिए जो बोल-चाल में मनुष्य के कंठ से निकली हों और प्रायः नित्य काम में आती हों।

किन्तु उपरिलिखित अनुबंध का व्यावहारिक पक्ष यह है कि किसी एक ही ध्वनि के लिए एक से अधिक वर्ण नहीं होने चाहिए। कुछ भाषाओं की वर्णमालाओं में कई कई वर्ण बहुत कुछ एक ही प्रकार की ध्वनि का निरूपण करते हैं। ऐसे वर्णों में से एक को छोड़कर सब त्याज्य हैं।

(३) कोई वर्ण ऐसा न हो कि एक से अधिक ध्वनि का निरूपण करे।

जैसा हम आगे देखेंगे, कुछ बहु-परिचित वर्ण मालाओं में यह दोष पाया जाता है।

पहले अनुबंध से वर्णों की संख्या की निम्न सीमा निर्धारित होती है। वर्ण कम से कम इतने होने चाहिए कि उनके द्वारा समस्त परिचित ध्वनियाँ व्यक्त हो सकें।

दूसरे अनुबंध द्वारा वर्णों की संख्या की उच्च सीमा निर्धारित होती है। वर्ण इतने अधिक न हों कि उनमें से एक भी फाल्तू समझा जा सके।

तीसरा अनुबंध फिर निम्न सीमा की ओर संकेत करता है। वर्ण इतने कम न हों कि एक ही वर्ण एक से अधिक ध्वनियों को व्यक्त करे।

उपरिलिखित तीनों अनुबंधों के अध्ययन से पता चलता है कि वर्णों की संख्या में उचित संतुलन होना चाहिए। वर्ण केवल

वे ही हों जो अत्यावश्यक हों। एक भी वर्ण ऐसा न हो जिसके बिना काम चल सके। और कोई भी आवश्यक वर्ण छूटने न पाये।

(४) कोई भी वर्ण ऐसा न हो जिसका उच्चारण अव्यावहारिक हो।

पहली झलक में यह अनुबंध निरर्थक दिखाई देगा क्योंकि किसी भाषा की वर्णमाला में केवल वे ही वर्ण तो रक्खे जाते हैं जिनके उच्चारण व्यवहार में आते रहे हों। किन्तु समय बीतने पर कुछ वर्णों के उच्चारण लुप्त हो जाते हैं, कुछ के बदल जाते हैं। उपरिलिखित अनुबंध इस बात की ओर संकेत करता है कि किसी वर्णमाला को कसौटी पर कसते समय देश और काल की सीमाओं पर भी ध्यान देना चाहिए। जो ध्वनि एक देश के लिए व्यावहारिक होता है, वह दूसरे के लिए अव्यावहारिक हो सकती है। एक ही देश में भी यह संभव है कि कोई ध्वनि हज़ार वर्ष पहले व्यावहारिक रही हो और अब व्यवहार में न आती हो।

अब हम उर्दू, रोमन और नागरी वर्णमालाओं को उपरिलिखित कसौटी पर कस कर देखेंगे।

उर्दू वर्णमाला के दोष

१—वर्णमाला बिल्कुल अधूरी है।

स्वर बहुत ही कम हैं। मुख्यतः तीन चिह्नों–ज़ेर, ज़बर, पेश–से समस्त स्वरों का काम लिया जाता है। ह्रस्व और दीर्घ

स्वर एक ही संकेत से निरूपित किए जाते है। ऐ, औ के लिए कोई चिह्न है ही नहीं। अँ, अं एक ही प्रकार से व्यक्त किये जाते हैं।

व्यंजनमाला भी बहुत अधूरी है। ङ और ण के लिए कोई चिह्न हैं ही नहीं।

२—एक ही ध्वनि के उच्चारण के लिए कई वर्ण हैं।

उदाहरणार्थः

त = ते, तोय।

स = से, सीन, स्वाद।

ह = छोटी हे, बड़ी हे, दो चश्मी हे।

ज़ = ज़े, ज़ाल, ज़्वाद, ज़ोय।

य = छोटी ये, बड़ी ये।

३—एक ही वर्ण के अनेक उच्चारण है।

वाओ = ओ, व।

रोमन वर्ण-माला के दोष

१—वर्णमाला अधूरी है।

स्वर बहुत कम हैं। ऐ, औ, अँ, अं के लिए कोई चिह्न हैं ही नहीं।

व्यंजनों की कमी भी खटकती है। इन ध्वनियों के लिए कोई चिह्न नहीं हैं :

च, ण, त, थ, द, ध

२–एक ही प्रकार की ध्वनियों के लिए कई कई चिह्न हैं; यथा:

क = सी, के, क्यू ।

ज = जे, जी ।

ज़ = एस, जेड ।

(३) एक ही चिह्न के कई कई उच्चारण हैं, यथा :

a = अ, ऑ, आ, ए, ऐ (Ear, Call, Father, Gate, Hat)

c = क, स (Call, Cell)

e = इ, ए', ए, अ (Ear, Get, Gate, Herd)

g = ग, ज (Go, Gem)

i = इ, अ, आइ (Sit, Bird, Like)

o = अ, ओ, ऑ (Done, Go, Hot)

s = स, श, ज़ (So, Sugar, Disease)

u = उ, अ, यू (Full, Such, Use)

w = उआ (Wall) (ewe में w का उच्चारण क्या होगा हम नहीं जानते ।)

ch = च, क, श (Church, School, Chauffeur)

th = थ, द, ध (Thick, The, Weather)

इस प्रकार के और भी अनेक उदाहरण दिये जा सकते हैं ।

४—बहुत से वर्ण अनेक स्थानों पर मूक हो जाते हैं । Know में k और w का क्या काम है ?

नागरी वर्णमाला के गुण

(१) जितनी प्रमुख ध्वनियां उत्तरी भारत के एक सिरे से दूसरे सिरे तक काम में आती हैं, प्रायः उन सभी का समावेश नागरी वर्णमाला में है। अतः वर्णमाला की अपूर्णता का दोष तो नागरी पर नहीं लगाया जा सकता।

(२) सामान्यतः प्रत्येक ध्वनि के लिए एक ही चिह्न है। यदि इस नियम के अपवाद हैं भी तो बहुत ही कम।

यदि यह कहा जाय कि "नागरी वर्णमाला पूर्णतया वैज्ञानिक है" तो इसमें थोड़ी सी ही अत्युक्ति होगी। जिस ढंग का ध्वनि-विन्यास, स्वर-क्रम, व्यंजन-विन्यास नागरी वर्णमाला का है, कदाचित ही संसार की किसी भी अन्य वर्णमाला का हो। जितने प्रकार की ध्वनियां आज तक इस देश में प्रयुक्त होती रही हैं, प्रायः उन सबका आदर्श अनुक्रम नागरी वर्णमाला ही है। यह बात दूसरी है कि संसार की बहुत सी भाषाओं की कुछ ध्वनियां नागरी वर्णमाला में नहीं मिलती परन्तु किसी वर्णमाला का काम संसार भर की ध्वनियों का संग्रह करना नहीं होता, वरन् किसी विशिष्ट प्रदेश की प्रचलित ध्वनियों का विन्यास करना होता है। यदि किसी वर्णमाला में कुछ विदेशी भाषाओं की ध्वनियां व्यक्त नहीं हो सकतीं तो यह उसका दोष नहीं माना जा सकता। यह तो वर्णमाला का काम ही नहीं है। अतएव संसार की बहुत सी भाषाओं में ऐसी ध्वनियां विद्यमान हैं जिनका नागरी लिपि में

अभाव है। परन्तु इस बात से नागरी वर्णमाला की वैज्ञानिकता पर आंच नहीं आती। तिस पर भी यह कहना गलत होगा कि नागरी वर्णमाला में कोई दोष है ही नहीं। अब हम इसके दोषों का दिग्दर्शन कराते हैं।

नागरी वर्ण-माला के दोष

(१) सामान्यतः प्रत्येक वर्ण की एक ही ध्वनि है, किन्तु व्यंजन व इसका अपवाद है। इसके दो उच्चारण हैं: अंग्रेज़ी के v और w जैसे। आज से लगभग ३० वर्ष पहले मैं इंगलैंड में कुछ बच्चों को हिंदी पढ़ाया करता था। उन्हें बड़ा आश्चर्य हुआ कि नागरी लिपि में v और w के लिए पृथक् चिह्न नहीं हैं। उन्होंने कहा कि उक्त दोनों ध्वनियां तो एक दूसरे से बिल्कुल भिन्न हैं।

तनिक इन शब्दों पर विचार कीजिए।

नवीन	वेतन	वल्लभ
Navin	Vetan	Vallabh

इन शब्दों में व का वही उच्चारण है जो रोमन लिपि के v का। किन्तु अब इन शब्दों पर ध्यान दीजिए—

स्वप्न	कुँवर	ग्वाला
Swapn	Kunwar	Gwala

इन शब्दों में व की ध्वनि w है, न कि v। अंग्रेज़ी शब्द Wall का उच्चारण "वाल" नहीं है। वह ऐसा है जैसा "उआल" का, यदि हम "उआ" को एक साथ उच्चरित करें। इस संबंध में

हिन्दी शब्द "विश्वास" पर विचार कीजिए। यदि हम "श्वास" में वि जोड़ दें तो इसका उच्चारण ठीक-ठीक हो जाएगा। अंग्रेजी में इसको इस प्रकार लिखेंगे Vishwas. किन्तु यदि हम "वास" में "विश" जोड़ें तो उक्त शब्द Vishvas बनेगा, न कि Vishwas. अतः

वि + श्वास	Vishwas
विश + वास	Vishvas

कुछ लोग हिन्दी के कुछ शब्दों को रोमन लिपि में गलत ढंग से लिखते हैं :—

हिन्दी शब्द	लिखने का प्रचलित ढंग	शुद्ध रूप
भगवान	Bhagwan	Bhagvan
लाजवन्ती	Lajwanti	Lajvanti
भवन	Bhawan	Bhavan

हमारा आशय निम्नलिखित शब्दों से और भी स्पष्ट हो जायेगा :

विश्वेश्वर	Vishweshwar
विल्वमंगल	Vilwamangal
वैश्वानर	Vaishwanar

अब ण् के भी दो उच्चारण हो गए हैं। एक तो वह जो ऐसे शब्दों में दिखाई देता है जैसे—

दर्पण, तरुणी, करुण।

ण् का दूसरा उच्चारण इस प्रकार के शब्दों

घण्टा, कण्ठ, पण्डित, ठण्ढा

में दिखाई पड़ता है। यदि इन शब्दों को इस प्रकार

घन्टा, कन्ठ, पन्डित, ठन्ढा

लिखा जाए तो उच्चारण की दृष्टि से कोई अन्तर नहीं पड़ेगा।

ऐसा भी नहीं है कि ण् का सदैव ऐसा ही उच्चारण हो जो उपरिलिखित शब्दों में दृष्टिगोचर होता है। तनिक इन शब्दों

अक्षुण्ण, विषण्ण

पर ध्यान दीजिए। यहाँ दोनों ण् का एक सा उच्चारण है, जो न् के उच्चारण से सर्वथा भिन्न है।

(२) ङ् तो कदाचित् कहीं भी काम में नहीं आता। ङ् के लिए प्रायः सभी स्थलों पर बिंदी से काम चल जाता है। बहुत ही थोड़े शब्द ऐसे हैं जिनमें बिंदी से काम न चल सके, जैसे—

वाङ्मय, पराङ्मुख

हमारे विचार में इनमें से पहले शब्द के तीन उच्चारण संभव हैः—

वांग्मय वान्मय वाम्मय

जहाँ तक हमें पता है, सौ में नब्बे व्यक्ति इसका उच्चारण "वांग्मय" करते हैं। यदि उक्त शब्द का कोई चौथा उच्चारण होगा भी तो उसमें और "वांग्मय" में बहुत ही सूक्ष्म अन्तर होगा। एक जीती-जागती भाषा में इतने सूक्ष्म अन्तर रखने की कोई आवश्यकता नहीं है। यदि हम चाहते हैं कि हिंदी भाषा

और नागरी लिपि को राष्ट्रीय ही नहीं, अन्तर्राष्ट्रीय स्थान प्राप्त हो तो उन्हें और भी सरल बनाना होगा, भले ही इस प्रकार उनमें थोड़ी सी अवैज्ञानिकता आ जाए।

(३) तनिक स्वर "ऋ" पर विचार कीजिए।

आज तक जितने लेखकों ने "नागरी लिपि सुधार" पर अपने विचार व्यक्त किये हैं, उनमें से विरले ही ऐसे होंगे जिन्होंने "ऋ" की स्थिति पर लेखनी चलाई हो। देश के भिन्न-भिन्न प्रदेशों में इसका उच्चारण भिन्न-भिन्न प्रकार से होता है। सिन्धी लोग इसके और "र" के उच्चारण में बहुत कम भेद करते हैं। उत्तर प्रदेश के निवासी इसे बिल्कुल ऐसे उच्चरित करते हैं जैसे रि। मराठी, गुजराती और बंगाली इसका उच्चारण "रु" करते हैं, जैसे वे लोग "अमृतांज़न" को "अम्रुतांजन" कहते हैं। एक संस्कृतज्ञ ने मुझे एक बार बताया था कि गड़रिये जब अपनी भेड़ों को पुकारते हैं तो एक प्रकार की ध्वनि "र...र...र" करते हैं। "ऋ" का वास्तविक उच्चारण वही है। संभव है यह सत्य हो, किन्तु आज कितने हिंदी भाषी "ऋ" का शुद्ध उच्चारण करना जानते हैं। जो जानते भी होंगे, उनमें से कितने ऐसे हैं जो प्रकृतिशः इसका शुद्ध उच्चारण करते हैं। इसमें तनिक भी सन्देह नहीं कि ऐसे व्यक्तियों की संख्या नगण्य है।

स्पष्ट है कि नागरी वर्णमाला के "ऋ" का व्यवहार अब उसी प्रकार नहीं होता जिस प्रकार ॠ, ऌ, ॡ का। यदि किसी बच्चे से, जिसे नागरी वर्णमाला का साधारण ज्ञान हो, कहिए

कि "ऋषि" लिखे, तो वह "रिषि" लिखेगा, "ऋषि" नहीं लिखेगा।

(४) नागरी वर्णमाला में एक स्वतंत्र स्वर "अँ" है जिसका प्रयोग बराबर होता है, किन्तु बहुत कम पुस्तकों में इसे स्वरमाला में स्थान दिया जाता है। ऐसा क्यों ?

(५) क्ष, त्र, ज्ञ तो संयुक्ताक्षर हैं। इन्हें वर्णमाला में नहीं रखना चाहिए। जिस प्रकार अन्य दर्जनों युक्ताक्षर हैं जिनका समावेश वर्णमाला में नहीं किया जाता, उसी प्रकार का व्यवहार इनके साथ भी होना चाहिए।

—:०:—

३.

लिपि

अब हम इस बात पर विचार करेंगे कि किसी आदर्श लिपि में कौन-कौन से गुण होने चाहिए।

(१) लिपि वैज्ञानिक होनी चाहिए। समस्त वर्ण नियमबद्ध होने चाहिए।

ह्रस्व स्वर से दीर्घ स्वर बनाने का एक ही नियम होना चाहिए जो सब स्वरों पर एक समान लग जाय। स्वरों की मात्राएँ भी सब जगह एक ही ढंग से लगनी चाहिए। इसी प्रकार अल्प-प्राण से महाप्राण बनाने के, पंचमक्षर बनने के, हल् व्यंजन बनाने के नियम होने चाहिए जिनमें यथा-साध्य कोई अपवाद न हो।

(२) लिपि सरल होनी चाहिए। वर्ण-चिह्न की आकृति और उसके उच्चारण में संबंध होना चाहिए। लिपि पढ़ने में सुगम हो; जो पढ़ें वहीं लिखें, जो लिखें, वही पढ़ा जाए।

(३) वर्ण यथा-साध्य छोटे हों और अत्यधिक स्थान न घेरें। इसके अतिरिक्त, वर्ण देखने में सुन्दर होने चाहिए।

(४) लिपि ऐसी होनी चाहिए जो मुद्रण, मुद्रलेखन (Typewriting) और दूर-मुद्रण (Teleprinting) के लिए सुगम हो।

इस कसौटी पर हम तीनों लिपियों को कस कर देखेंगे।

उर्दू लिपि के गुण

(१) वर्ण बहुत कलापूर्ण और सुन्दर होते हैं और बहुत थोड़े स्थान में लिखे जा सकते हैं।

(२) अधिकांश वर्णों में वक्र होते हैं, इसलिए यह लिपि बहुत शीघ्र लिखी जा सकती है। इसी गुण के आधार पर इसमें एक 'शिकस्त लिपि' भी चलती है जो बहुत कुछ 'आशु लिपि' (Shorthand) का भी काम दे जाती है।

(३)शब्दों में अनेक स्थलों पर अक्षरों के खंडों से भी काम लिया जाता है।

उर्दू लिपि के दोष

(१) नियम का सर्वथा अभाव है।

स्वरहीन और सस्वर वर्ण लिखने का कोई नियम नहीं है। एक ही वर्ण के कई रूप हो जाते हैं। यह पता चलाना कठिन हो जाता है एक कौन सा वर्ण लिखा गया है। उर्दू में लिखिये। इसमें जो 'हे' का चिह्न आया है उसका कोई भी संबंध न छोटी हे से है, न बड़ी हे से, न दो चश्मी हे से। एक ही उच्चारण के लिए कौन सा वर्ण कहाँ प्रयुक्त होगा यह पता ही नहीं चलता। 'मज़मून', में ज़्वाद क्यों लिखा जाय, ज़ोय, ज़े या

ज़ाल क्यों न लिखा जाय, इसका कोई सुबोध कारण नहीं है। स्कूलों में अध्यापक केवल इतना कह देते हैं कि "जैसे विद्वान लोग लिखते चले आये हैं, वैसा ही लिखते चलो।"

बिन्दुओं की संख्या और स्थान बदलने से वर्ण बिल्कुल बदल जाता है। युक्ताक्षरों में यह पता चलाना कठिन होता है कि कौन से बिन्दु का संबंध किस वर्ण से है। यह भी पता नहीं चलता कि बिन्दु अँ का निरूपण कर रहा है या अं का या न का। एक-एक शब्द को कई-कई प्रकार से पढ़ा जा सकता है। मान लीजिये कि हमने उर्दू में "ईंट" लिखा। इतने प्रकार पढ़ सकतेहैं :

ईन्ट, ईनट, एनट, इँट, इयण्ट, इयनट, एण्ट, एँट, ऐनट

सुनते हैं डुम्राँओं राज्य में एक बार दो पक्षों में वर्षों इस बात पर मुकदमा चला कि किसी दस्तावेज में लिखा हुआ एक शब्द अयानत है या ईंजानिब।

(२) उच्चारण के क्षेत्र में तो और भी अधिक विप्लव है। कोई नियम है ही नहीं। उच्चारण अनुमान से ही करना पड़ता है। यही कारण है कि हिन्दी का जितना वर्ण ज्ञान बच्चों को एक सप्ताह में हो जाता है, उर्दू का उतना वर्ण ज्ञान ६ महीने में भी नहीं हो पाता।

किसी बच्चे से हिन्दी में "आम" लिखवाइये और उससे पूछिये कि इसका उच्चारण क्या हुआ, तो वह कहेगा कि "आ म" या "आम"। इसके अतिरिक्त और कुछ नहीं कहेगा। अब

ज़रा उर्दू के एक विद्यार्थी से लिखवाइये 'अलिफ मद मीम,' और पूछिये कि उसका उच्चारण क्या होगा तो वह कहेगा 'अलिफ़ मद मीम'। उसके ध्यान में यह कदापि नहीं आ सकता कि इसका उच्चारण 'आम' भी हो सकता है। किसी बच्चे से हिन्दी में लिवाइये 'घो' और 'ड़ा'; फिर उससे पूछिये कि दोनों को मिलाने से क्या हुआ। बच्चा कहेगा 'घोड़ा'। अब उर्दू में लिखवाइये "गाफ, दो चश्मी हे, वाओ, ड़े, अलिफ।" फिर उससे पूछिये कि सबको मिलाकर क्या हुआ, तो वह कहेगा 'गाफ दो चश्मी हे वाओ ड़े अलिफ'। यह उसकी समझ में कहाँ से आ जायेगा कि इसका उच्चारण "घोड़ा" होगा !

एक सज्जन मुझे रेल में मिले। उनसे मैंने यही बात कही। तब वे बोले कि इसमें क्या दोष है ? हम "वाओ" का उच्चारण "ओ" रखते हैं और 'अलिफ' का उच्चारण 'आ' रखते हैं। जहाँ कहीं भी अलिफ आयेगा "आ" पढ़ा जायगा, जहाँ कहीं भी "वाओ" आयेगा "ओ" पढ़ा जायगा। मैंने कहा "जरा यह तो बतलाइये कि आप 'बिल्कुल' में 'अलिफ' क्यों लिखते हैं ? यदि आपका 'अलिफ' वाला नियम मान लिया जाय तो उसको 'बाल्कुल' पढ़ना चाहिए।" यह सुनकर वह सिर खुजाने लगे। थोड़ी देर बाद बोले कि "वाओ' का नियम तो ठीक है।" मैंने कहा "वह भी ठीक नहीं है। जरा 'वैसा' लिखिये। 'वैसा' में आपकी वाओ का उच्चारण 'ओ' तो नहीं होता, 'व' होता है।" बोले "यह बात नहीं है। 'वाओ' यदि किसी शब्द के बीच में आ

जाय तो 'ओ' पढ़ा जायगा और यदि किसी शब्द के शुरू में आये तो 'व' पढ़ा जायेगा।" मैंने कहा "अच्छा, जरा हिन्दी का शब्द 'उर्वशी' तो उर्द में लिख दीजिये। उसमें वाओ शब्द के बीच में आयेगा, फिर भी 'व' पढ़ा जायगा।" बोले "भई! यह तो हिन्दी का शब्द है। दूसरी भाषा के शब्दों के लिए तो थोड़ा बहुत नियमों का उल्लंघन करना ही पड़ेगा, किन्तु उर्दू के समस्त शब्दों में वही नियम लागू होगा जो मैंने बताया है।" मैंने कहा कि "आपकी उर्दू का एक शब्द 'मुतवल्ली' है। उसमें वाओ 'व' का काम क्यों देता है?" इस पर उन्होंने मुँह फेर लिया और रास्ते भर मुझसे नहीं बोले।

एक सज्जन थे। उनकी आदत थी कि क और क़ के बदले वह अधिकतर ख़ बोलते थे। वह अपने मित्र से कहना चाहते थे कि "क़ाज़ी जी के कमरे में कौआ क़ैं क़ैं कर रहा था।" उसके बदले उन्होंने कहा कि "ख़ाजी जी खे खमरे में खौआ ख़ैं ख़ैं खर रहा था।" उनके मित्र ने कहा "भई कभी-कभी क़ भी बोल दिया करो" तो आप बोले, "बहुत क़ू ब।"

इन तथ्यों के कारण उर्दू को "वर्ण लिपि" न कहकर "संकेत लिपि" कहें तो अधिक उपयुक्त होगा।

(३) उर्दू की आधुनिक ढंग की अक्षर-योजना (Composition) बहुत कठिन और खरचीली है। सामान्यतः लिथो-मुद्रण ही होता है।

जहाँ तक हमें पता है उर्दू का दूर-मुद्रक आज तक नहीं बना।

(४) यह लिपि दाहिने से बायें लिखि जाती है। लिखा हुआ आँखों से ओझल होता जाता है। इससे लिखने में असुविधा होता है।

रोमन लिपि के गुण

१–प्रत्येक वर्ण अलग-अलग रहता है, उनमें कभी संयोजन नहीं होता। इसलिए यह लिपि मुद्रलेखन और दूर मुद्रण के लिए बहुत सुगम है।

२–वर्ण ऐसी आकृति के हैं कि उन्हें बहुत छोटे आकार का भी बनाया जा सकता है। रोमन लिपि की ६ पाइण्ट (१ पाइण्ट =१।७२ इंच) तक की छपाई सरलता से हो जाती है। नागरी लिपि की छपाई सामान्यतः १० पाइण्ट से छोटे वर्णो की नहीं होती।

३–इस लिपि में के शब्द बिना क़लम उठाये, बराबर लिखे जाते हैं।

रोमन लिपि के दोष

(१) कहने को रोमन वर्णमाला छोटी है क्यों कि उसमें केवल २६ वर्ण होते हैं। किन्तु उक्त वर्णमाला में चार प्रकार के वर्ण होते हैं।

(क) पढ़ने के राज अक्षर (Capital Letters)

(ख) पढ़ने के लघु अक्षर (Small Letters)

(ग) लिखने के राज अक्षर

(घ) लिखने के लघु अक्षर

इस प्रकार वास्तव में वर्णों की संख्या १०४ हो जाती है और "छोटी वर्णमाला" का लाभ मिल नहीं पाता।

(२) उच्चारण पद्धति बहुत दूषित है। नागरी के प्रत्येक महाप्राण के लिए दो और कभी-कभी तीन अक्षर प्रयुक्त करने पड़ते हैं यथा।

ख Kh

भ Bh

छ Chh

"च" के लिये कोई वर्ण है ही नहीं, अतः उसका काम ch से लेना पड़ा है। C और H के उच्चारण से च के उच्चारण का कोई संबंध नहीं है।

(३) वर्ण-विन्यास भी बिल्कुल बेतुका है। स्वरों और व्यंजनों का कोई विभाजन नहीं है। महाप्राणों के लिए स्वतंत्र चिह्न है ही नहीं, सदैव h लगाकर काम चलाना पड़ता है।

(४) ह्रस्व और दीर्घ स्वरों का न कोई अन्तर है, न ह्रस्व से दीर्घ स्वर बनाने के लिये कोई निश्चित नियम है।

नागरी लिपि के गुण

(१) प्रायः प्रत्येक स्वर की मात्रा निश्चित है। इससे नागरी लिपि पढ़ने में बड़ी सुगमता होती है। बहुत कुछ अंशों में हम कह सकते हैं कि इस लिपि में हम जो लिखते हैं, वही पढ़ते हैं।

(२) वर्णक्रम और उच्चारण पद्धति व्यवस्थित है यद्यपि उसमें कहीं-कहीं नियम भंग दिखाई देता है!

(३) वर्ण सुन्दर और कलापूर्ण होते हैं।

(४) मुद्रण, मुद्रलेखन और दूरमुद्रण के लिए नागरी लिपि उतनी सुगम नहीं है जितनी रोमन लिपि, फिर भी अनुपयुक्त नहीं है। इसका सबसे प्रबल प्रमाण यही है कि हिन्दी का मुद्रण सैकड़ों वर्ष से चला आ रहा है और इसमें आधुनिकतम ढंग की छपाई हो जाती है। इसके अतिरिक्त हिन्दी मुद्रलिख बने कई दशाब्दियाँ हो गई हैं और वर्षों से हिन्दी का दूरमुद्रण हो रहा है।

नागरी लिपि के दोष

जब हम यह कहते हैं कि 'नागरी वर्णमाला प्रायः पूर्णतया वैज्ञानिक है, तो इससे यह निष्कर्ष नहीं निकालता कि "नागरी लिपि पूर्णतया वैज्ञानिक है।"

हम लोग आज तक नागरी लिपि के गुणों का ही बखान सुनते आए हैं। ऐसी लिपि के दोषों का वर्णन करना, जिसे आज तक जनता संपूर्ण और वैज्ञानिक समझती आ रही है, दुस्साहस ही कहा जाएगा। परन्तु वास्तव में ऐसा नहीं है। अपनी प्रिय-से प्रिय वस्तु का भी वास्तविक मूल्यांकन तभी होता है जब उसके गुणावगुणों पर निष्पक्ष भाव से दृष्टि डाली जाए। यदि नागरी लिपि में सचमुच कुछ दोष हों तो केवल नागरी प्रेम के नाम पर उन पर पर्दा डालना अनुचित होगा। जब मैं नागरी लिपि के 'दोषों' का उल्लेख करता हूँ तो 'दोष' का वास्तव में वही अर्थ नहीं है जो फ़ारसी और रोमन लिपि के 'दोषों' से व्यक्त होता

है। नागरी के 'दोषों' की तुलना इन अवैज्ञानिक लिपियों के 'दोषों' से हो ही नहीं सकती। इन लिपियों में महान् दोष हैं। नागरी लिपि के दोष इन दोषों की तुलना में सर्वथा महत्वहीन और नगण्य हैं। ऐसी लिपियों की तुलना में नागरी प्रायः पूर्णतया वैज्ञानिक है। फ़ारसी और रोमन लिपियाँ तो इतनी अवैज्ञानिक हैं कि उन्हें तोड़-मरोड़ कर किसी भी प्रकार वैज्ञानिक बनाया ही नहीं जा सकता। नागरी लिपि के दोष इतने हल्के हैं कि यदि उन्हें किसी प्रकार दूर कर दिया जाए तो नागरी पूर्णतया वैज्ञानिक और संसार की आदर्श लिपि बन जाए।

(१) हम यहाँ स्वरों और उनकी मात्राओं की तालिका देते हैं :—

अ, आ, इ, ई, उ ऊ, (ऋ), ए, ऐ, ओ, औ, अँ, अं, अः,

ा, ि, ी, ु, ू, (ृ), े, ै, ो, ौ, ँ, ं, ः

इनमें से निम्नलिखित स्वरों का तो उनकी संगत मात्राओं से स्पष्ट संबंध दिखाई देता है।

आ, (ऋ), ओ, औ, अँ, अं, अः

इन दो स्वरों

ई, ऐ

की मात्राओं में इनका थोड़ा-थोड़ा स्वरूप झलकता है। किन्तु इन स्वरों

इ, उ, ऊ, ए

का इनकी मात्राओं की आकृतियों से कोई सम्बन्ध है ही नहीं।

(२) तनिक इ की मात्रा पर विचार कीजिए। यह लिखी जाती है पहले और बोली जाती है पीछे। इस उच्चारण क्रम को कोई भी व्यक्ति वैज्ञानिक नहीं कह सकता। और यह अवैज्ञानिकता और भी स्पष्ट हो जाती है जब हम इस प्रकार के शब्द लिखते हैं।

शान्ति, भ्रान्ति, उद्भिज, स्वप्निल।

शान्ति में पहले 'न्' बोला जाता है, फिर त और अन्त में ि। इसी प्रकार का उलट फेर उपरिलिखित अन्य शब्दों में भी है।

अवैज्ञानिकता का एक और उदाहरण है रेफ़ का प्रयोग। इन शब्दों :

कर्म, गर्त, अर्ध

में रेफ़ आता अन्त में है, बोला पहले जाता है। यह व्यतिक्रम इस प्रकार के

शब्दों :

भर्त्सना, आर्यो, सहधर्मी

में और भी स्पष्ट हो जाता है।

(३) इन अक्षरों पर विचार कीजिए:—

ज जा जि जी जु जू जे जै जो जौ जँ जं जः

भाषा-वैज्ञानिक हमें बताते हैं कि 'ज' की रचना इस प्रकार है:—

ज=ज्+अ।

अर्थात् "ज" में ही "अ" निहित है। "अ" की सहायता के बिना कोई व्यंजन बोला ही नहीं जा सकता। या यों कहिये कि "ज" शुद्ध व्यंजन नहीं है, वरन् एक व्यंजन और एक स्वर का

योग है। वास्तविक शुद्ध व्यंजन तो "ज्" है जिसका उच्चारण बिना किसी स्वर की सहायता के हो ही नहीं सकता। इस प्रकार जी=ज्+अ+ई। अतएव, जी=ज+ई। अतः "जी" का उच्चारण होना चाहिए "जई" न कि "जी"। इस तर्क के अनुसार "जी" लिखने की शुद्ध विधि होगी "ज्ी"। इसी प्रकार यदि ऊपर लिखे अक्षरों की तालिका बनाई जाए तो ऐसी बनेगी:—

वर्तमान अक्षर	उच्चारण	अक्षर का शुद्ध स्वरूप
जि	जइ	ज्ि
जी	जई	ज्ी
जु	जउ	ज्ु
जू	जऊ	ज्ू
जे	जए	ज्े
जै	जऐ	ज्ै

पता नहीं, भाषा वैज्ञानिक हमसे इस विषय में कहाँ तक सहमत होंगे।

(४) जब कभी "अ" की बारह-खड़ी का प्रश्न उठाया जाता है, तब भाषा-वैज्ञानिक चिल्ला उठते हैं कि "यह सर्वथा अवैज्ञानिक होगा।" उनका तर्क इस प्रकार है; यदि हम "ऊ" के स्थान पर "अू" लिखें तो "अू" में "अ" भी सम्पूर्ण है और "ू" भी सम्पूर्ण। अतएव "अू" का वास्तविक उच्चारण हुआ 'अ ऊ'।

इसी प्रकार "श्री" का उच्चारण होगा "श्रई"। अतः "अ" की बारहखड़ी सर्वथा अवैज्ञानिक होगी।"

अब तनिक इसी तर्क को 'ओ' और "औ" पर लगाइए। "ओ" में "अ" भी सम्पूर्ण है "ो" भी सम्पूर्ण। अतएव इसका उच्चारण होना चाहिए "अओ', न कि 'ओ'। इसका ये लोग यह उत्तर देते हैं कि "ओ" वास्तव में सन्ध्यक्षर है जिसकी रचना इस प्रकार है (ओ=अ+उ) अतएव "ओ" पर वह नियम लागू नहीं हो सकता। परन्तु क्या यह उत्तर संतोषजनक है ? इस उत्तर से उपरिलिखित शंका का समाधान कहाँ होता है ? "ओ" सन्ध्यक्षर हो चाहे एकाकी अक्षर, इसका भाग "ो" तो सम्पूर्ण है ही। तब 'ओ' को 'अओ' क्यों नहीं पढ़ा जाता ।

(५) नागरी लिपि में "ऋ" की मात्रा 'ृ' अधिकतर वर्ण के अंतिम भाग के नीचे लगाई जाती है जैसे,' गृ, घृत, हृदय' में। परन्तु अब तनिक इन शब्दों पर विचार कीजिए :

कृश, कृषि, कृमि।

स्पष्ट है कि जब हम "क" में "ऋ" का चिह्न मिलाते हैं तब उसके अंतिम भाग के नीचे नहीं लगाते वरन् खड़ी रेखा के नीचे लगाते हैं। इसी प्रकार "उच्छृंखल" में "ऋ" की मात्रा "छ" के नीचे अंत में नहीं वरन् मध्य भाग में लगाई जाती है। मुझे पता नहीं कि हिन्दी या संस्कृत में कोई शब्द ऐसा है या नहीं जिसमें 'झ' में 'ऋ' लाई जाती हो। परन्तु यह निश्चित है कि यदि किसी दिन 'झ' में "ऋ" लगाने की आवश्यकता पड़ ही

गई तो वह भी इस प्रकार लगेगी—"भृ"—न कि इस प्रकार "भृ"। अतएव, स्पष्ट है कि "ऋ" की मात्रा लगाने का कोई एक नियम ऐसा नहीं है जो समस्त स्थानों पर लागू हो।

(६) नागरी लिपि में अर्धाक्षर बनाने की भी कोई एक निश्चित रीति नहीं है। निम्नलिखित २१ वर्णों के अर्धाक्षर खड़ी पाई को हटाने से बनते हैं:—

ख ग घ च ज ञ ण त थ ध न

प ब भ म य ल व श ष स (अ)

निम्नलिखित ६ वर्णों के आधे बनते ही नहीं :

ङ छ ट ठ ड ढ द र ह (आ)

मैं इस समय युक्ताक्षरों क्ष, त्र, ज्ञ पर विचार नहीं करूँगा। उनके सम्बन्ध में दूसरे अध्याय में मैं अपने विचार व्यक्त कर चुका हूँ। "क" से "ह" तक ३३ वर्ण होते हैं। इनमें ३० ऊपर दिये जा चुके हैं। अब केवल 'क, झ, फ' बच रहते हैं। इनकी स्थिति निराली है। 'क' का अर्धाक्षर होता है "क्"। 'क' के अन्त में पूरी खड़ी पाई तो है ही नहीं, केवल आधी खड़ी रेखा है। अर्धाक्षर बनाने के लिए इसी को हटा देते हैं। परन्तु इस नियम का भी समस्त स्थानों पर पालन नहीं होता। इस नियम का पालन इन शब्दों में होता है :

क्यारी, क्लान्ति, क्वांरा

किन्तु इन शब्दों में नहीं होता :

क्रम, क्रन्दन

'फ' का आधा भी इसी प्रकार बनता है। जैसे "फ्यास" में।

यदि हमें झ का भी आधा बनाने की आवश्यकता हो तो इसी प्रकार बनेगा।

अतः हम देखते हैं कि नागरी लिपि में आधे अक्षर बनाने के लिए कोई सर्वसाधारण नियम नहीं है। 'क' के लिए तो कोई निश्चित नियम है ही नहीं। कुछ योगों में एक नियम लगता है, कुछ योगों में दूसरा। जो २१ अक्षर (अ) में दिये गए हैं, उन सब के लिए एक निश्चित नियम है, शेष वर्णों में से ६ के, जो (अ) में दिए गए हैं, आधे होते ही नहीं। जहाँ कहीं इनके आधे अक्षरों की आवश्यकता पड़ती है, या तो अंत में हल् चिह्न लगा दिया जाता है या अगले अक्षर से मिलाकर युक्ताक्षर बना दिया जाता है।

(७) युक्ताक्षर बनाने के कई ढंग हैं।

(क) कुछ युक्ताक्षरों में तो अक्षर केवल ऊपर नीचे लिख दिये जाते हैं, जैसेः

युद्ध, गुप्त, कष्ट, गट्टा, लट्ठा, अद्भुत, बच्चा, पक्का

इनमें से जितने उक्ताक्षरों को हम आगे पीछे लिख सकें, उन्हें ऊपर नीचे नहीं लिखना चाहिए। जैसेः

गुप्त, कष्ट, बच्चा, पक्का।

अब अधिकांश प्रेस ऐसे शब्दों को इसी प्रकार छापते भी हैं। १९५३ और १९५७ के लखनऊ के लिपिसुधार सम्मेलनों ने भी इन सुधारों को स्वीकार कर लिया है।

(ख) कुछ युक्ताक्षरों में वर्णों का रूप स्पष्ट-प्राय रहता है, जैसे—

ग्राह्य, पद्म, काव्य, आह्वान

(ग) कुछ युक्ताक्षरों में वर्णों का रूप अस्पष्ट हो जाता है, जैसे:

रक्त, दत्त, गद्य

(घ) कुछ युक्ताक्षर लिखने का ढंग बिल्कुल अवैज्ञानिक है, जैसे:—

द्वेष, द्वीप, ह्रास।

"द्वेष" के उच्चारण में "द" आधा बोला जाता है, "व" पूरा। किंतु "द" का आधा होता नहीं। अतएव यह उपाय निकाला गया है कि 'द्' और "व" का संयोग बना दिया जाय: "द्व"। इसी प्रकार 'ह्रास' में "ह्र" की रचना इस प्रकार है ?

ह्र=ह्+र

अर्थात् "ह" आधा है और "र" पूरा। परन्तु 'ह' का भी आधा हो नहीं सकता, अतएव पूरे "ह" में (र) का आधा रूप जोड़ दिया और 'ह' ह्र बना दिया। इसी प्रकार के और भी बहुत से उदाहरण दिये जा सकते हैं।

(ङ) जब किसी प्रकार बस नहीं चलता तब वर्ण के आधे रूप को व्यक्त करने के लिये पूर्ण के नीचे हल् चिह्न लगा दिया जाता है, जैसे—

वाङ्मय,

इन शब्दों को लिखने की केवल एक ही रीति और है।

वाङ्मय,

उपरिलिखित से स्पष्ट है कि युक्ताक्षर बनाने का कोई ऐसा नियम नहीं है जो समस्त स्थितियों पर लागू हो।

कैसी विचित्र स्थिति है। युक्ताक्षर बनाने के लिए कहीं दाहिना अंग काट दिया, कहीं बायाँ, कहीं सिर काट दिया, कहीं पैर और वह भी बड़े बेतुके ढंग से। कहीं कहीं तो हम अक्षर को उलट भी देते हैं जैसे :

श्वसुर में श् को

(८) नागरी लिपि में महाप्राण के लिए भी कोई चिह्न नहीं है। केवल दो वर्ण 'प' और 'ट' में पूछ लगाने से महाप्राण 'फ' और 'ठ' बनते हैं। शेष महाप्राणों में कोई निश्चित नियम दिखाई नहीं देता, वरन् नियम का सर्वथा अभाव ही दृष्टिगोचर होता है। ध्यान देने योग्य एक और बात यह है कि 'ज' के प्रथम भाग में उसी पूँछ का विकृत रूप लगाने से 'ञ' बनता है, अर्थात्, पंचमाक्षर बनता है, महाप्राण, 'झ' नहीं बनता। और 'प' और 'ट' में पूँछ अन्त में लगाई जाती है किंतु ज के आरंभ में। इसके

अतिरिक 'व' में पूँछ लगाने से 'क' बनता है। भला इसमें क्या तुक है ?

(९) पञ्चमाक्षर बनाने का कोई एक सा नियम नहीं है। 'त' और 'प' में एक घुंडी लगाने से पञ्चमाक्षर 'न' और 'म' बनते हैं। परन्तु च वर्ग और ट वर्ग के पंचमाक्षर तो इस नियमानुसार नहीं बनते। और क वर्ग का पंचमाक्षर ङ तो बिल्कुल निराला है। भला ड के आगे बिन्दी लगाकर क वर्ग का पंचमाक्षर बनाने में क्या तुक है ? और यदि पंचमाक्षर बनाने का यही नियम मान लिया जाय तो हमारे पाँच पंचमाक्षर इस प्रकार के होने चाहिए।

क. च. ट. त. प.

अथवा इस प्रकार के

ग. ज. ड. द. ब.

(१०) कुछ अन्य छोटी २ बातें भी ध्यान देने योग्य हैं। 'घ' की शिरोरेखा को तोड़कर 'ध' बनाने में क्या तुक है ? यदि इस प्रकार अन्य वर्ण बनाने ही हों तो उनका कोई नियम होना चाहिए। प्रथम दृष्टि डालने से एक अस्पष्ट-सा नियम दिखाई देता है। 'घ' कवर्ग का चौथा वर्ण है और 'ध' त वर्ग का चौथा वर्ण। कह सकते हैं कि एक वर्ग के चौथे वर्ण से दूसरे वर्ग का चौथा वर्ण बनाने के लिए हमने यह नियम बनाया है परन्तु 'भ, ढ, भ' तो इस प्रकार नहीं बनते। इसके अतिरिक्त 'म' की शिरोरेखा तोड़कर भ बनाया जाता है ? ये दोनों तो क्रमशः

एक ही वर्ग के पञ्चम और चतुर्थ वर्ण हैं। 'ड' और 'ङ' के उच्चारणों में इतनी समानता नहीं है कि एक के आगे बिन्दी लगाकर दूसरा बनाया जाए। 'व' का पेट चीरकर 'ब' क्यों बनाया जाता है ? 'ख' और 'रव' में क्यों समानता रक्खी गई है ? 'रा' और 'ए' (आधा ण) क्यों इतने मिलते-जुलते रक्खे गये हैं। यह सब प्रश्न विचारणीय हैं।

यों हमने नागरी लिपि के १० दोष गिना दिये, किंतु जैसा हम पहले कह चुके हैं, ये दोष बहुत ही हलके हैं। हमने उर्दू और रोमन लिपियों के दोषों का वर्णन बहुत ही संक्षिप्त रूप में किया है। यदि हम उन लिपियों के भी प्रत्येक अक्षर का इस प्रकार विश्लेषण करें और दोषों को गिनाने बैठें तो रोमन लिपि के दोषों की संख्या दर्जनों तक और उर्दू लिपि के दोषों की संख्या कदाचित कोड़ियों तक पहुँचेगी। इस सन्दर्भ में ग्रन्थ-वाली (७) पठनीय है, किन्तु यह पुस्तिका मुख्यतः नागरी लिपि के विषय में लिखी गई है। अतएव हमने नागरी लिपि के दोष ही इतने विस्तार पूर्वक दिखायें हैं क्योंकि हम चाहते हैं कि ये दोष भी यथासाध्य दूर कर दिये जाएँ और नागरी लिपि सर्वांग-सुन्दर और परिपूर्ण बन जाय। उर्दू लिपि और रोमन लिपि के दोषों को दूर करने का प्रयास बिल्कुल व्यर्थ होगा क्योंकि दोष ऐसे नहीं हैं जो दूर किये जा सकें।

नागरी लिपि सुन्दर है, बहुत सुन्दर है। किन्तु उसमें भी 'एक आँच की कसर रह गई है'। यदि इस कसर को निकाल दिया जाय तो नागरी लिपि सर्वगुण संपन्न बन जाय।

—:०:—

४.

लखनऊ सम्मेलनों द्वारा स्वीकृत सुधार

जैसा कि हम पहले कह चुके हैं, सन् १९५३ में उत्तरप्रदेशीय सरकार के तत्वावधान में लखनऊ में एक नागरी लिपि सुधार सम्मेलन हुआ। ४ वर्ष पश्चात् एक दूसरा सम्मेलन हुआ जिसमें पहले सम्मेलन के अधिकांश सुधारों की संपुष्टि हुई। ऐसे सम्मेलन लिपि सुधार के लिए शुभ लक्षण हैं। परन्तु जो काम इस प्रकार आरम्भ किया गया है, वह एक दो सम्मेलनों में समाप्त नहीं होगा। उसके लिए तो ऐसे अनेक सम्मेलन बुलाने होंगे। तथापि हम यह मानते हैं कि राज्य सरकार ने यह पग ठीक दिशा में उठाया है। सन् १९५९ में दिल्ली में राज्य शिक्षा मन्त्रियों का एक सम्मेलन हुआ जिसने लखनऊ के उक्त दोनों सम्मेलनों के प्रस्तावों पर अपनी मुहर लगा दी। कह सकते हैं कि सम्मेलनों के निश्चयों को एक प्रकार से अखिल भारतीय स्वीकृति मिल गई। अतः हम उपर्युक्त सम्मेलनों के सुधारों में से प्रत्येक पर अपना मत प्रकट करते हैं।

(१) शिरोरेखा रहनी चाहिए। हम इस निर्णय से सहमत हैं। नागरी लिपि के अक्षरों की सुन्दरता बहुत कुछ शिरोरेखा पर

निर्भर है। परन्तु हम यह भी चाहते हैं कि यदि नागरी लिपि शीघ्रता से लिखी जा सके तो और भी अच्छा है। मुद्रण और मुद्रलेखन में तो एक बार मुद्रियाँ तैयार हो जाती हैं, चाहे शिरोरेखा हो या न हो। उससे मुद्रण और मुद्रलेखन की गति पर कोई प्रभाव नहीं पड़ता। परन्तु निजी पत्राचार में और लेखों के प्रारूपों में, जो साधारण जनता के सम्मुख नहीं जाते, यदि शिरोरेखा उड़ा दी जाये तो उससे लेखन की गति में तात्विक अन्तर पड़ेगा। अतः हमारा सुझाव है कि ऐसे स्थलों पर लेखकों को शिरोरेखा न लगाने की छूट दी जाये। पाठक यह कह सकते हैं कि यदि कोई लेखक शिरोरेखा न लगाना चाहे तो उसे कौन रोक सकता है। परन्तु इस प्रकार तो यदि कोई लेखक गलत-सलत हिन्दी लिखे तो भी उसे कौन रोक लेगा। प्रश्न है प्रश्रय देने का। अशुद्ध लिखने वाले को तो हम कोई प्रश्रय दे ही नहीं सकते। किन्तु शिरोरेखा न लगाने वाले लेखकों को यदि हम मान्यता दे दें तो बहुत से लेखक इस बात का अनुसरण करेंगे और नागरी की लेखन गति बढ़ जायेगी।

(२) अब तक निम्नलिखित पाँच अक्षर दो प्रकार से लिखे जाते थे :

अ, अ, झ, झ, ण, ण, ल, ल, क्ष, क्ष,

लिपि सुधार सम्मेलनों ने इनमें से केवल इन्हीं रूपों को मान्यता दी है :

अ, झ, ण, ल, क्ष,

हम इस सुधार का स्वागत करते हैं। हम यह मानते हैं कि इन अक्षरों के दोनों रूपों में से यही रूप मुद्रण के लिए सरल हैं। इनमें से खड़ी पाई निकाल कर हम इनके आधे अक्षर बना सकते हैं।

(३) सम्मेलनों में नागरी लिपि के लिए दो नए चिह्न ॅ ॉ स्वीकार किए गए थे। इनमें से पहला स्वर इन शब्दों में दृष्टिगोचर होता है।

Man	Sand	And
मॅन	सॅंड	ऍंड

अब प्रश्न यह है कि क्या वास्तव में इन नए चिह्नों की आवश्यकता है। तनिक इन शब्दों पर विचार कीजिए :

जैसा, वैसा, कैसा, पैसा, ऐसा, छैला, शैल।

हमने इन शब्दों के तीन प्रकार के उच्चारण सुने हैं :

(क) जइसा, वइसा, कइसा, पइसा, अइसा, छइला, शइल।

(ख) जएसा, वएसा, कएसा, पएसा, अएसा, छएला, शएल।

पिछले उच्चारणों में ए पूरा नहीं बोला जाता। जएसा में 'जए' इस प्रकार बोला जाएगा मानों यह दो अक्षरों से नहीं बना है, वरन् एक ही अक्षर है।

(ग) Jaisa, Vaisa, Kaisa, Paisa, Aisa, Chhaila, Shail,

अब उक्त शब्दों के उच्चारण (क) और (ख) उड़ते जा रहे हैं और अधिकतर लोग इनका वही उच्चारण करते हैं जो (ग)

में दिया है। इस उच्चारण के स्वर और अंग्रेज़ी के Man वाले a के उच्चारण में तनिक भी अन्तर नहीं है। तब क्यों न हम

ऐ

को वही स्वर मान लें जो अंग्रेज़ी के उक्त शब्दों में दृष्टिगोचर होता है। हिन्दी के कुछ शब्द अवश्य ऐसे हैं जिनमें अभी तक पुराना उच्चारण ही चलता है, जैसे :

गैया, मैया, दैया।

किन्तु हमारे पास ऐसे शब्दों के लिखने का दूसरा उपाय भी है :

गइया, मइया, दइया।

अतः जब कभी संस्कृत की पुरानी ध्वनि को व्यक्त करना हो हम 'इ' से काम ले सकते हैं। इस प्रकार नया चिह्न अनावश्यक प्रतीत होता है। हम उपरिलिखित अंग्रेज़ी शब्दों को इस प्रकार लिख सकते हैं :

मैंन, सैंड, ऐंड।

(४) अब हम लखनऊ सम्मेलनों द्वारा प्रस्तावित दूसरे चिह्न ॉ पर विचार करते हैं। यह स्वर अंग्रेज़ी के इन शब्दों में उच्चरित होता है :

God, Hockey, Orb, Lawn

गॉड, हॉकी, ऑर्ब, लॉन

किन्तु क्या यह चिह्न हमारे लिए आवश्यक है ? जो बातें हमने पिछले चिह्न के विषय में कही थीं, इस पर भी लागू हैं। हिन्दी के इन शब्दों पर विचार कीजिए :

कौन, औरत, चौथा, जौनपुर।

हमने इन शब्दों के भी तीन प्रकार के उच्चारण सुने हैं :

(क) कउन, अउरत, चउथा जउनपुर।

(ख) कओन, अओरत, चओथा, जओनपुर।

पिछले उच्चारण में "ओ" पूरा नहीं बोला जाता। कओन में 'कओ' इस प्रकार बोला जाएगा मानों यह दो अक्षरों से नहीं बना है, वरन् एक ही अक्षर है।

(ग) Kaun, Aurat, Chautha, Jaunpur

अब उक्त शब्दों के उच्चारण (क) और (ख) उड़ते जा रहे हैं और अधिकतर लोग इनका वही उच्चारण करते हैं जो (ग) में दिया है/इस उच्चारण के स्वर और अंग्रेज़ी के उपरिलिखित शब्दों के o अथवा aw के उच्चारण में तनिक भी अंतर नहीं है। तब क्यों न हम 'औ' को वही स्वर मान लें जो अंग्रेजी के उक्त शब्दों में दृष्गिोचर होता है। हिन्दी के कुछ शब्द अवश्य ऐसे हैं जिनमें अभी तक पुराना उच्चारण ही चलता है, जैसे—

कौआ, पौआ, भौआ।

किन्तु हमारे पास ऐसे शब्दों के लिखने का दूसरा उपाय भी है :

कउआ, पउआ, भउआ।

अतः जब कभी इस पुरानी ध्वनि को व्यक्त करना हो, हम उ से काम ले सकते हैं। इस प्रकार नया चिह्न ॉ अनावश्यक प्रतीत होता है। हम उपरिलिखित अंग्रेज़ी शब्दों को इस प्रकार लिख सकते हैं:—

गौड, हौकी, औबं, लौन।

(५) १९५३ के सम्मेलन का प्रस्ताव था कि ह्रस्व इ की मात्रा बाईं ओर के बदले दाहिनी ओर लगाई जाए। इस प्रस्ताव से तो न मुद्रण में कोई सुविधा होती है न मुद्रलेखन में। यदि कोई मात्रा ऊपर अथवा नीचे के बदले दाहिनी ओर लगाई जाए तो उससे मुद्रण में सुविधा होती है। परन्तु दाहिनी और बाईं ओर के हेरफेर से मुद्रण में कोई सरलता नहीं आ जाती। केवल हमें यह संतोष हो सकता है कि हमने इस मात्रा को भी वैज्ञानिक बना दिया। परन्तु सम्मेलन का इस संबंध में जो प्रस्ताव है, जरा उस पर विचार कीजिए। उसका प्रस्ताव है कि यह मात्रा दाहिनी ओर दीर्घ ई की मात्रा की भाँति लगाई जाए, परन्तु उसकी डंडी छोटी रहे। इस प्रस्ताव के अनुसार इस प्रकार लिखे जाएगें।

कितना, बिजली, निम्न।

क्ीतना, ब्ीजली, न्ीम्न।

इस का अर्थ यह हुआ कि इस मात्रा की डंडी लगभग एक चौथाई लगाई जाए। अब मान लीजिए कि किसी लेखक ने जल्दी में चौथाई के बदले आधी डंडी लगाई तो हम उसे ह्रस्व इ

समझेंगे या दीर्घ ? इस ढंग के भ्रम दिन रात हुआ करेंगे, क्योंकि यह मात्रा तो इतनी अधिक प्रयुक्त होती है कि प्रत्येक पृष्ठ पर दर्जनों स्थानों पर आ जाती है। इस प्रस्ताव के अनुसार बच्चों को ह्रस्व इ और दीर्घ ई की मात्राओं का अन्तर बताना असंभव हो जायगा। कदाचित् इन्हीं कारणों से १९५७ के सम्मेलन ने १९५३ के इस निश्चय को अस्वीकार कर दिया।

(६) स्वरों में से ऋ और लृ को निकाल देना चाहिए। हम इस प्रस्ताव का स्वागत करते हैं। वास्तव में हिन्दी में तो ये स्वर काम में आते ही नहीं।

(७) (क) जिन व्यंजनों के अंत में पाई हो, उनके आधे पाई हटा कर बनाने चाहिए जैसा कि परम्परा से होता चला आ रहा है।

(ख) क, फ, ह के आधे, जैसे बहुत दिनों से बनते आ रहे हैं, वैसे ही बनते रहें, यथा:

पक्का, फ्यास, ब्रह्म

(ग) र के तीनों रूप चलते रहें, यथा:

प्रेम, हर्ष, राष्ट्र

(घ) शेष व्यंजन ये हैं:

ङ छ ट ठ ड ढ द

इनके आधे हल चिह्न लगाकर बनाने चाहिये।

यदि यह प्रस्ताव स्वीकार कर लिया गया तो

विद्या, उच्छ्वास, पद्म, बाह्य, उद्धत,

का यह रूप हो जायगा :

विद्‌या, उच्छ्‌वास, पद्‌म, बाह्‌य, उद्‌धत ।

इन रूपों में युक्ताक्षारों की सुन्दरता नष्ट हो जाती है । परन्तु कदाचित पाठक यह कहेंगे कि हमें वर्तमान रूप इसलिए सुन्दर दिखाई पड़ते हैं कि हमारी आँखें उन्हें देखने की अभ्यस्त हो चुकीं हैं; अतः नए रूप हमारी आँखों में खटकते हैं। यदि हम बच्चों को आरम्भ से ही नए रूप सिखाएँगे तो वे पुराने रूप जानेंगे ही नहीं और उन्हें नए रूप उतने ही सुन्दर दिखाई पड़ेंगे जितने वर्तमान रूप हमें दिखाई पड़ते हैं।

हम यह मानते हैं कि इस तर्क में सत्य का अंश है। परन्तु इस संबंध में एक बात और भी ध्यान देने योग्य है। यदि हम इन युक्ताक्षरों को हल लगाकर लिखेंगे तो कुछ समय पश्चात् लोग हल लगाना छोड़ देंगे और धर्म को धरम पढ़ेंगे, विद्या को विदया। इस समय भी अधिकांश पंजाबी इसी ढंग के उच्चारण करते हैं। इस प्रस्ताव से यह प्रवृत्ति और भी बढ़ जायगी। इसमें सन्देह नहीं कि इस प्रस्ताव द्वारा मुद्रण और मुदलेखन में बहुत सुविधा हो जायगी। परन्तु एक बात तो यह है कि युक्ताक्षरों में अक्षरों को आगे पीछे लिखने से युक्ताक्षरों की संख्या अब पहले से बहुत कम हो गई है। इसके अतिरिक्त इस दिशा में और भी प्रयत्न हो रहे हैं। कुछ लोग यह प्रयास कर रहे हैं कि

मुद्रलिख (टाइपराइटर) में केवल आधे अक्षर रखे जायें और खड़ी पाई स्वचालित हो जो प्रत्येक अर्द्धाक्षर में आप से आप लग जाए। यदि इस प्रयास में हमें सफलता मिली तो मुद्रलिख के आधे बटन हमारे पास फालतू बच जायेंगे और हम उन पर सारे युक्ताक्षर बैठा सकते हैं। इसके अतिरिक्त मुद्रण में भी हिंदी प्रेमी दिन रात उद्योग कर रहे हैं कि किसी प्रकार मुद्रियों और धन की बचत हो। शीघ्र ही वह समय आने वाला है जब युक्ताक्षरों के रहते हुए भी हिंदी मुद्रण में उतनी ही मुद्रियों से काम चल जायेगा जितनी अंग्रेज़ी मुद्रण में। अतएव हम सम्मेलन के इस प्रस्ताव का स्वीकार नहीं कर सकते।

[(८) अक्षर छ में से पूँछ निकाल दी गई है। इसका नया रूप इस प्रकार का: छ होगा। इससे लिखने में सरलता आयेगी।

(९) सम्मेलन ने ख के रूप में कुछ परिवर्तन किया है। इस अक्षर के पहले भाग की डंडी के छोर को व में मिला कर यह रूप दे दिया गया है : ख।

पहली बात तो यह है कि 'ख' की कठिनाई नाम मात्र की ही है। आज तक हमारे जीवन में कितने ऐसे अवसर आए हैं जब हमने 'खड़ी' को 'रवड़ी' पढ़ा हो अथवा 'खाना' को 'रवाना'। 'ख' और 'रव' में भ्रम की गुंजाइश बहुत कम है। जब हम रव लिखते हैं तो दोनों अक्षर स्पष्ट रूप से अलग-अलग रहते हैं। परन्तु जब हम ख लिखते हैं तो 'र' के नीचे की पूँछ व के नीचे

आ जाती है। अर्थात् 'र' का क्षेत्र समाप्त नहीं होने पाता और 'व' आरम्भ हो जाता है। परन्तु जब हम रव लिखते हैं तब र का क्षेत्र समाप्त होने के पश्चात् ही व आरम्भ होता है। या यों कहिए कि हम रव के बीच में खड़ी रेखा खींच कर उसके दो टुकड़े कर सकते हैं। परन्तु हम ख के बीच में खड़ी रेखा खींच कर उसके अलग-अलग दो भाग नहीं कर सकते। खड़ी रेखा या तो र को काट देगी या व को।

अतः ख की कठिनाई काल्पनिक अधिक है, वास्तविक कम। अधिकतर स्थानों पर तो प्रसंग से ही पता चल जाता है कि लेखन ने ख लिखा है या रव। जहाँ प्रसंग से स्पष्ट न भी हो वहाँ उपरिलिखित कसौटी से पता चल जायगा कि लेखक ने ख लिखा है अथवा रव। परन्तु फिर भी पाठक यह कह सकते हैं कि यदि हम भ्रम की इस थोड़ी सी संभावना को भी निकाल सकें तो क्यों न निकाल दें। यह तर्क बिल्कुल ठीक है। अतः हम इस सुधार का भी स्वागत करते हैं।

(१०) सम्मेलन ने ध और भ के मराठी रूप ध और भ स्वीकार किये हैं। इस परिवर्तन से कोई विशेष लाभ तो दिखाई नहीं देता। इन नए रूपों को लिखने में न समय की बचत होती है, न स्थान की। फिर भी इस सुधार को स्वीकार करने में कोई हानि नहीं है।

(११) हमारी लिपि में एक नया अक्षर बढ़ाया गया है ळ इसका उच्चारण ल और ड़ के बीच में होता है। इसमें भी हमें कोई हानि दिखाई नहीं देती।

(१२) अंक ९ के तीन रूप प्रचलित थे इनमें से केवल ९ स्वीकार किया गया है। हमें इस पर भी कोई आपत्ति नहीं है।]

(१३) पूर्ण विराम के लिये पाई (।) का प्रयोग जारी रहना चाहिये। 'फुल स्टाप' को छोड़कर अंग्रेजी के समस्त विराम चिह्न स्वीकार कर लेने चाहिये, यथा–

: – — , ; ! ?

हमारी समझ में यह निश्चय भी वाछंनीय और स्तुत्य है। वस्तुतः हिंदी के अनेक लेखक वर्षों से इन चिह्नों का प्रयोग करते आ रहे हैं और ये चिह्न हमारे वर्तमान साहित्य में समाते जा रहे हैं। बहुत से लेखकों को तो यह ध्यान भी नहीं रहता कि ये चिह्न वास्तव में हमारी लिपि के अपने चिह्न नहीं हैं।

[(१४) ड़, ढ़ को भी व्यंजनमाला में स्थान मिलना चाहिए। यों तो ये दोनों व्यंजन हिन्दी में बराबर काम में आते ही हैं किन्तु इनको आधिकारिक रूप से व्यंजनमाला में स्थान मिल जाय तो उचित ही है।

(१५) त्र को वर्णमाला में से निकाल दिया जाय और इसे इस प्रकार लिखा जाय–"त्र"]

अब हमारी लिपि का यह स्वरूप हो गया है।

अ आ इ ई उ ऊ ऋ ए ऐ ओ औ

अं अः

क ख ग घ ङ   च छ ज झ ञ

ट ठ ड ढ ण   त थ द ध न

प फ ब भ म   य र ल व

श ष स ह क्ष ज्ञ ळ

ड़ ढ़

१ २ ३ ४ ५ ६ ७ ८ ९ ०

—:o:—

५

नागरी लिपि और मुद्रण

नागरी लिपि में मात्रायें अक्षरों के चारों ओर–दाहिने, बायें, ऊपर और नीचे लगाई जाती हैं। दाहिनी और बाईं ओर की मात्राओं के कारण तो मुद्रण में कोई कठिनाई नहीं पड़ती। ि, ी, ो, ौ, आदि मात्रायें अलग से ढाली जाती हैं और अक्षरों में जोड़ दी जाती हैं। वास्तविक कठिनाई ऊपर और नीचे की मात्राओं के कारण ही पड़ती है। यदि हमें 'खल' छापना हो तो ख और ल की मुद्रियों को मिला देने से काम चल जायगा। किन्तु 'खेल' छापने के दो ढंग हैं। या तो हम बनी बनाई मुद्री खे तैयार रखेंगे, या ख की ऐसी मुद्री बनायेगें जिसपर मात्रा ` बैठाई जा सके। ऐसी मुद्रियों को करन मुद्रियाँ कहते हैं। इन मुद्रियों का कुछ अंश कान की तरह बाहर निकला रहता है जिसे 'घुड़िया' कहते हैं। इसी अंश पर मात्रा बिठाई जाती है। इस प्रकार प्रायः प्रत्येक अक्षर के लिये दो प्रकार की मुद्रियाँ रखनी पड़ती हैं, पूरी (मुफ्रिद) और करनदार। किन्तु करन मुद्रियों के अक्षर-योजन (Composition) में समय अधिक लगता है! 'खेल' बनाने के लिये यदि बनी बनाई मुद्री 'खे' तैयार है तो दो मुद्रियों का ही

योजन करना होगा। किन्तु यदि करन मुद्री 'ख' से काम लिया गया तो तीन मुद्रियों का प्रयोग करना होगा। इस कारण बहुत से प्रेस थोड़ी-थोड़ी दोनों प्रकार की मुद्रियां रखते हैं।

हम यहाँ एक मध्यम श्रेणी के प्रेस की मुद्री सूची देते हैं—

(१) पूरे अक्षर क, ख, ग······	४४
(२) कटे (आधे) अक्षर क, ख, ग······	२६
(३) क़, ख़, ग़, ज़, फ़, ड़, ढ़	७
(४) कटे (आधे) अक्षर क़, ख़, ग़, ज़, फ़	५
(५) मात्रायुक्त अक्षर के, कै, कु, कू···	१४३
(६) हल अक्षर त्, द्, न्, म्	४
(७) र–युक्त अक्षर क्र, ख्र, ग्र ······	२०
(८) ऋ की मात्रा वाले अक्षर ······	१७
(९) युक्ताक्षर	७३
(१०) आगे पीछे की मात्राएं	२१
(११) ऊपर नीचे की मात्राएं	२६
(१२) संख्यांक	१०
(१३) विशेष चिह्न, अंकगणितीय चिह्न	२४
(१४) करन मुद्रियां	२०३
	६२६

इनमें हमने इस तरह की मात्राओं का समावेश नहीं किया है :

ङ्क, ङ्ख, ङ्ग, ङ्घ

क्योंकि अब अधिकतर प्रेस इन्हें रखते ही नहीं।

मुद्रियों के प्रकारों की संख्या बिल्कुल निश्चित नहीं रहती। बड़े प्रेसों में लगभग ७०० प्रकार की मुद्रियां रहती हैं। छोटे प्रेस प्रायः पाँच, साढ़े पाँच सौ से काम चला लेते हैं। इस प्रकार हम देखते हैं कि हिंदी की छपाई के लिए छः सात सौ मुद्रियों की आवश्यकता रहती है जब कि अंग्रेज़ी की छपाई में लगभग सवा सौ, डेढ़ सौ से काम चल जाता है।

निर्माण के विचार से मुद्रियां मुख्यतः दो प्रकार की होती हैं—कलकतिया और बम्बइया। उपरिलिखित समस्त मुद्रियां कलकतिया हैं। बम्बइया मुद्रियों में करन-अक्षरों की आवश्यकता नहीं होती।

'खेल' छापने के लिये उसमें

ख े ल

की मुद्रियां अलग-अलग होंगी। मात्रा े की मुद्री के नीचे टेक लगी रहती है। अतः वह स्वयं सम्पूर्ण रहती है। उसके लिये करन की आवश्यकता नहीं होती। इस प्रकार बम्बइया मुद्रियों के प्रयोग से हम करन-मुद्रियों के बिना काम चला लेते हैं। किंतु एक दूसरी कठिनाई उपस्थित हो जाती है। मान लीजिये कि हमें 'खेलूँ' छापना है। तो उसमें पांच मुद्रियां लगानी पड़ेगी—

ख े ल ू ँ

किन्तु ख के ऊपरी भाग में तो मात्रा ` बिठाई जाएगी, नीचे का भाग खाली रहेगा। उसमें डिग्री (सीसा) भरनी पड़ेगी, अन्यथा अक्षरों के सरक जाने की आशंका है। इस प्रकार बम्बइया मुद्रियों के प्रयोग में ऊपर, नीचे और बीच की—तीनो पंक्तियों का अक्षर-योजन करना पड़ता है। अतः अक्षर-योजन में दुगुने से भी अधिक समय लगता है। मात्रायें स्पष्ट आती हैं किन्तु छपाई महँगी पड़ती है। इसलिये कुछ पुस्तकों पर लिखा रहता है—बम्बइया छपाई।

अतएव हमें ऐसे उपाय करने चाहिए कि मुद्रियों की संख्या घट जाय किंतु अक्षर-योजन का समय न बढ़े। इसके लिये ये दो बातें आवश्यक हैं :

(क) सुधार ऐसे न हों कि कुछ का कुछ पढ़ा जाए।

(ख) सुधार ऐसे भी न हों कि कुछ पढ़ा ही न जाए और यह बताना पड़े कि क्या लिखा है।

अब इस कसौटी पर हमारे निम्नलिखित प्रस्तावों को कस कर देखिये।

(१) जैसे हम पिछले अध्यायों में लिख चुके हैं, युक्ताक्षर यथासाध्य आगे पीछे लिखने चाहिये।

हिंदी में लगभग ९३ युक्ताक्षर होते हैं जिनमें से अधिकतर आगे पीछे लिखे जा सकते हैं। शेष ये ३२ युक्ताक्षर बच रहते हैं—

छ्व ट्ट ट्ठ ड्ड ड्ढ	५ (अ)
द्ग द्घ द्द द्ध द्न द्ब द्भ द्म द्व	९ (आ)
ट्य ठ्य ड्य ढ्य द्य रच ह्य	७ (इ)
क्र घ्र ट्र ठ्र ड्र ढ्र त्र द्र श्र	९ (ई)
ह्ल ह्न ह्ण ह्म ह्व	५ (उ)

इनमें से (उ) वाले पाचों युक्ताक्षर तो ह के स्वर रहित रूप

ह्

से बनाये जा सकते हैं जैसा अब अधिकतर प्रेस करने भी लगे हैं।

(इ) वाले सातों युक्ताक्षर य के इस विकृत रूप से बन सकते हैं।

्य

हैं। यह चिह्न भी अब अधिकतर प्रेसों में रहता है।

प्रायः सभी प्रेसों में र का यह रूप रहता है

्र

(ई) वाले युक्ताक्षरों में से त्र और श्र इसकी सहायता से बनाये जा सकते हैं। इस प्रकार इनका यह रूप हो जायगा

त्र श्र

अब केवल (अ) और (आ) वाले युक्ताक्षर और (ई) वाले ७ युक्ताक्षर रह गये हैं। इनमें से द्र तो कदाचित् ही कभी

काम में आता हो। इसका काम हल लगाकर चलाया जा सकता है। अतएव हमारे प्रेसों को केवल २२० युक्ताक्षर रखना आवश्यक है।

इतना अवश्य है कि समस्त युक्ताक्षरों को आगे पीछे लिखने से उनके स्वरूप में थोड़ा परिवर्तन हो जाएगा। मान लीजिये कि हमारे पास न्द और स्व युक्ताक्षर विद्यमान हैं। हम यह शब्द:

सुन्दर, स्वर

लिखते हैं। यदि हमारे पास युक्ताक्षर न हों तो हम न् और स् से काम लेंगे। उपरिलिखित शब्द इस प्रकार :

सुन् दर स् वर

लिखे जायेंगे। पहिली विधि में न्द एक अक्षर था, और स्व एक अक्षर। दूसरी विधि में न् और द के बीच में थोड़ा सा स्थान छूटा होगा। इसी प्रकार स् और व के बीच में भी थोड़ा सा स्थान छूटा होगा। फिर भी शब्दों के पढ़ने में तनिक भी भ्रम नहीं पड़ेगा।

(२) स्वर्गीय डा० गोरख प्रसाद ने यह सुझाव दिया था कि जो मात्राएँ ऊपर नीचे लगाई जाती हैं उन्हें थोड़ा सा दाहिने हटाकर लगाया जाए। इस प्रस्ताव के अनुसार इन शब्दों—

ठेला, अंकुश, मूंग

का यह रूप

ठ े ला, अ ं क ु श, म ू ं ग

हो जायगा। इन शब्दों का यह रूप वर्तमान पीढ़ी को थोड़े दिन अटपटा अवश्य लेगा, किन्तु इनके पढ़ने में तनिक भी कठिनाई नहीं होगी। और यह लाभ होगा कि मात्रायुक्त और करन मुद्रियों की आवश्यकता ही नहीं रहेगी।

इन प्रस्तावों को स्वीकार करने पर हमारे प्रेसों को केवल निम्नलिखित प्रकार के अक्षरों की मुद्रियां रखनी पड़ेगी :-

(१) पूरे अक्षर क, ख, ग,......	४४
(२) कटे अक्षर क, ख, ग......	३०
(३) युक्ताक्षर	१४
(४) र-युक्त अक्षर	६
(५) आगे-पीछे की मात्राएँ	२१
(६) ऊपर, नीचे की मात्राएँ	२६
(७) संख्यांक	१०
(८) विशेष चिह्न	२४
	१७५

रोमन लिपि में २६ अक्षर होते हैं। सैकड़ों वर्षों के अनुभव और प्रयोग के पश्चात् वह लोग १२५ प्रकार की मुद्रियों से काम चलाने लगे हैं। नागरी लिपि में (ऋ, क्ष, त्र, ज्ञ) को छोड़कर ४५ अक्षर होते हैं। उसी अनुपात से हमारे लिए २१६ प्रकार

की मुद्रियों तक क्षम्य होनी चाहिए। किन्तु हम तो एक ही झटके में १७५ तक उतर आए।

यहाँ केवल ऐसे प्रस्ताव दिए गए हैं, जिनसे किसी भी अक्षर अथवा मात्रा के स्वरूप में कोई विकार नहीं आता, केवल उनके लिखने के ढंग में थोड़ा सा परिवर्तन हो जाता है।

--:०:--

६.

नागरी लिपि का रोमनीकरण

[१] सामान्य बातें

आजकल देश में नागरी लिपि के रोमनीकरण का प्रश्न छिड़ा हुआ हे। रोमन लिपि के गुण तो प्रत्यक्ष ही हैं। उसके लेखन, मुद्रण और मुद्र-लेखन में जो सुविधायें होती हैं उनके विषय में तो मत-भेद की गुञ्जाइश ही नहीं है। हम उक्त बातों पर यहाँ विस्तारपूर्वक विचार नहीं करेंगे। यहाँ हम पाठकों का ध्यान एक अधिक आधारिक प्रश्न की ओर आकृष्ट करना चाहते हैं। प्रश्न यह है कि रोमन लिपि के गुणों को मानते हुए भी क्या यह युक्ति-संगत और व्यावहारिक होगा कि हम उसे नागरी लिपि के स्थान पर ग्रहण कर लें? क्या हम सभी बातें, जो तर्क-संगत होती हैं, स्वीकार कर लेते हैं, अथवा उन्हें व्यावहारिकता की कसौटी पर भी कसकर देख लेते हैं? हम जानते हैं कि दिन में चौबीस घंटे होते हैं किन्तु हम तो अपनी घड़ियों में बारह ही घंटों के चिह्न बनाते हैं; ऐसा क्यों? पिछले कई दशकों से हम तिथि-पत्र (कैलेण्डर) सुधार के लिए चीख-

पुकार कर रहे हैं किन्तु क्या हमने शुद्ध तर्क के आधार पर ही कभी इस प्रश्न का निर्णय किया है ? और एस्पराण्टो आन्दोलन का क्या हुआ ? क्या ही अच्छा होता यदि संसार भर की एक ही भाषा बन जाती ! किन्तु हमने उक्त दिशा में अभी तक कितनी प्रगति की है ? इसके विपरीत, पिछले कुछ वर्षों में तो हमने उक्त आन्दोलन को प्रायः समाप्त ही कर दिया है। आइए, राष्ट्र-लिपि की समस्या पर भी हम लोग शान्त हृदय और निष्पक्ष भाव से विचार कर लें। हमारे विचार में यह मूर्खता होगी यदि हम भावना में फँसकर रोमन लिपि को केवल इसीलिए अस्वीकार कर दें कि वह हमारी लिपि नहीं है। साथ ही यह भी कोई बुद्धिमानी नहीं होगी कि हम बिना आगा-पीछा देखे, बिना राष्ट्रीय और अन्तर्राष्ट्रीय हितों पर विचार किये एक दम नागरी लिपि का परित्याग कर दें और रोमन लिपि को स्वीकार कर लें। पश्चिमी सभ्यता के भक्तों को पश्चिम में चारों ओर हरा ही हरा दिखाई देता है। पश्चिम वालों की वैज्ञानिक प्रगति हमें चौंधिया देती है ? उनके आधुनिक आयुध हमें आतंकित कर देते हैं। उनके अन्तरिक्ष-यान (Space ship) देखकर हम लोग मुँह बा देते हैं। तिस पर भी क्या प्रत्येक पश्चिमी वस्तु अपनाने योग्य और प्रत्येक पूर्वी देन त्याज्य होती है ?

इस सम्बन्ध में पहली बात यह ध्यान में आती है कि यदि हम रोमन लिपि को स्वीकार कर लें तो हमारे देश का अब तक का सारा साहित्य बिलकुल व्यर्थ हो जायगा। केवल हिन्दी-

साहित्य ही नहीं, वरन् देश की चौदहों भाषाओं का साहित्य। क्या यह सम्भव है कि हम उक्त सारे साहित्य का लिप्यन्तरण रोमन लिपि में कर डालें! सम्प्रति, अकेली संस्कृति में ही सहस्रों पुस्तकें ऐसी हैं जिन्हें हमारे देशवासी श्रद्धा की दृष्टि से देखते हैं। ऐसी पुस्तकें केवल हमारा वाङ्मय ही नहीं समझीं जातीं, उनकी तो हम पूजा करते हैं। हमारा धार्मिक जीवन उनके बिना सूना है। उनके बिना तो हम एक दिन भी नहीं रह सकते। उनका लिपिरूपान्तर तो हमें तुरन्त ही उपलब्ध होना चाहिए ज्यों ही हम अपनी लिपि बदलें। इसके अतिरिक्त देश की अन्य भाषाओं के साहित्य का भी तो प्रश्न है। यदि यह मान भी लिया जाय कि देश के समस्त साहित्य का लिप्यन्तरण सम्भव है, तो भी क्या यह उचित होगा कि देश का इतना द्रव्य और शक्ति इसके लिए व्यय की जाय। क्या यह युक्ति-संगत नहीं होगा कि उक्त शक्ति किसी अन्य रचनात्मक कार्य में लगाई जाय! इस सम्बन्ध में बहुधा तुर्की का उदाहरण दिया जाता है, किन्तु तुर्की का अनुकरण करने से पहले हमें निम्नलिखित बातों पर विचार करना होगाः—

(१) तुर्की के पास कितना साहित्य ऐसा था जिसका लिप्यन्तरण आवश्यक था? क्या वह हमारे देश की चौदह भाषाओं के समस्त साहित्य से तुलनीय था?

(२) तुर्की लिपि में कौन-कौन से दोष थे। क्या हमारी नागरी लिपि में भी उतने ही दोष विद्यमान हैं?

जब तक हम इन तथ्यों पर गम्भीरतापूर्वक विचार न कर लें, तुर्की के उदाहरण का अन्धानुसरण नहीं कर सकते।

भाषा और शब्दों की तरह लिपि की भी आत्मा हुआ करती है। उसमें कुछ गुण ऐसे होते हैं जो किसी अन्य लिपि में अन्तरित नहीं किये जा सकते। फ्रांसीसी भाषा की t का उच्चारण लगभग ऐसा ही है जैसे हमारे त का। यूरोप की कई भाषाओं में उक्त ध्वनि विद्यमान है किन्तु हमारे ट जैसी ध्वनि नहीं है। परन्तु अंग्रेजी भाषा के t की ध्वनि वास्तव में न हमारे त जैसी है न ट जैसी। वह उन दोनों के बीच की ध्वनि है। यदि हम उसकी नकल करना चाहें तो हमें एक नये चिह्न का निर्माण करना होगा। और नये चिह्न से भी उसका ठीक-ठीक उच्चारण कर लेना सरल नहीं होगा। किसी राष्ट्र की उच्चारण शक्ति उस देश के जलवायु पर निर्भर होती है। कितने अंगरेज हैं जो हमारे हिन्दी शब्दों 'दर्पण' और "मृणाल" का ठीक-ठीक उच्चारण कर सकते हैं? अब तनिक इन दो पंक्तियों पर विचार कीजिए जो गीता के पांचवे अध्याय के आठवें और नवें श्लोकों में से ली गई हैं :—

पश्यञ्शृण्वन्स्पृशञ्जिघ्रन्नश्नन्गच्छन्स्वपञ्श्वसन्
प्रलपन्विसृजन्गृह्णन्नुन्मिषन्निमिषन्नपि

इन पंक्तियों को, लिप्यन्तरण की किसी भी पद्धति के अनुसार, रोमन लिपि में लिखकर दुबारा पढ़िए। आपको अन्तर

स्पष्ट दिखाई पड़ेगा। हम अपना आशय व्यक्त करने के लिए केवल एक उदाहरण और देते हैं—

प्रतिभट उदभट विकट जहँ लरत लच्छ पर लच्छ।
श्री जगदीश नरेश तहँ अच्छच्छवि पर तच्छ।
अच्छच्छवि परतच्छच्छटनि विपच्छच्छय करि।
स्वच्छच्छिति अति कितित्थिर सुअमित्तिम्मय हरि।
उल्झि ज्झहरि समुज्झि ज्झहरि विरुज्झिट पट।
कुप्य प्प्रगट सुरुप्प प्यगनि बिलुप्प प्पति भट।

अब इन पंक्तियों को रोमन लिपि में लिखिए और तब किसी अंगरेज को पकड़ कर लाइए। उससे कहिए कि पढ़कर आपको सुनावे। तब देखिए कि क्या वह उक्त पंक्तियाँ पढ़ सकता है। और यदि खींच तान कर पढ़ भी दे तो क्या आप पर उनकी वही छाप पड़ेगी जो नागरी लिपि में लिखी हुई पंक्तियों की पड़ी थी।

एक बात और भी है। हम यह मानते हैं कि लिपि के उच्चारण का अनुकरण दूसरी लिपि में करना कठिन अवश्य होता है किन्तु सर्वथा असम्भव नहीं होता। परन्तु लिपियों की कुछ विशेषताएं ऐसी भी होती हैं जिनका अन्य किसी लिपि में अन्तरण हो ही नहीं सकता। हिन्दी में एक काव्य रूप होता है "गतागत छन्द," जिसमें प्रत्येक पंक्ति दोनों ओर से पढ़ी जा सकती है, किन्तु दोनों दिशाओं में पढ़ने से शब्द ज्यों के त्यों

रहते हैं। अतः अर्थ नहीं बदलता। हम यहाँ कवि केशव का एक उदाहरण देते हैं:—

मा सम सोह, सजैबन,
बीन नवीन बजै, सह सोम समा।
मा लतानि बनावति सारि
रिसाति बनावनि ताल रमा॥
मानव ही रहि मोरद मोद
दमोदर मोहि रही वनमा।
माल बनी बल केशवदास
सदा वस केल बनी बलमा॥

इन पंक्तियों को चाहे आगे से पढ़िए चाहे पीछे से, ज्यों की त्यों बनी रहेंगी। अब तनिक पहली पंक्ति को रोमन लिपि में लिखकर देखिए:—

maa sam soh, sajaiban,
biin naviin bajai, sah som samaa.

फिर इस पंक्ति को अन्त की ओर से पढ़ने का प्रयत्न कीजिए। हिन्दी आक्षरिक भाषा है। इसमें "समा" का उल्टा 'मास' होता है, किन्तु रोमन लिपि में samaa का उल्टा होगा aamas। कहाँ गया हमारा गतागत छन्द ?

हिन्दी कविता में एक अन्य प्रकार का छन्द होता है जिसे कहते हैं व्यस्त गतागत छन्द। उसे सीधी तरह पढ़ें तो उसका

एक अर्थ होगा और यदि उसे अंत की ओर से पढ़ें तो कुछ दूसरा ही अर्थ निकलेगा।

भारतीय साहित्य में ऐसे, बीसियों नहीं, सैकड़ों छन्द हैं, सम्भव है सहस्रों हों। क्या हम उन सबको नष्ट कर दें? और यदि हम रोमन लिपि को स्वीकार कर लें तो भविष्य में ऐसे छन्दों का बनाना ही बन्द हो जायगा। क्योंकि उसमें काव्य की ऐसी रचना आ ही नहीं सकती। रोमन लिपि के स्वीकरण से हमारे देश की कितनी हानि होगी इसका यह एक ज्वलन्त दृष्टान्त है।

रोमन लिपि के साथ-साथ हमें हिन्दू संख्यांकों के अन्तर्राष्ट्रीय रूपों को भी स्वीकार करना होगा। वस्तुतः हमारी केन्द्रीय सरकार का तो यह आग्रह है कि हमें नागरी लिपि में भी संख्यांकों के अन्तर्राष्ट्रीय रूपों का ही प्रयोग करना चाहिए। हमारे साहित्य का एक अंग संख्यांकों के भारतीय रूपों पर ही आधृत है। एक उदाहरण लिजिए:—

दम्पति के रस रीति में तनिक भयो रस रीस।
अब ही रह्यो तिरेसठ छन में भयो छत्तीस॥
घट्यो मान तैंतिस भयो, पय पिय मान्यो नाँहि।
है छतीस छाछठ भयो, पुनि तिरसठ छन माँहि॥

रोमन लिपि के स्वीकरण से हमारा इस प्रकार का साहित्य भी धूल में मिल जायगा।

इसमें सन्देह नहीं कि भाषा का महत्त्व लिपि के महत्त्व से कहीं अधिक है किन्तु यह भी मानना ही पड़ेगा कि प्रत्येक लिपि अपने देश की संस्कृति और परम्पराओं से गुंथी रहती है। लिपि के बदलने से हमारी संस्कृति भी अछूती नहीं रह सकती। दो एक दृष्टान्त लीजिए। हमारा एक परम्परागत और धार्मिक चिह्न है—

ॐ

यह शब्द ओंकार का प्रतीक समझा जाता है और हम लोग इसकी पूजा करते हैं। अब मान लीजिए कि हम इसी शब्द को रोमन लिपि में लिखते हैं—

Om

क्या किसी सामान्य भारतीय के हृदय में इस शब्द को देखने से भी वही श्रद्धा उत्पन्न होगी जो नागरी लिपिवाले रूप के प्रति होती है ? हमें इसमें बहुत सन्देह है। नागरी में लिखा ॐ तुरन्त हमें ब्रह्म की याद दिलाता है। लिप्यन्तरण करने से उक्त श्रद्धा का सर्वथा ह्रास हो जायगा।

अब तनिक इस शब्द

श्री

पर विचार कीजिए। यह शब्द लक्ष्मी देवी का प्रतीक माना जाता है। लक्ष्मी के पुजारी सोने और चाँदी के तावीजों में इसे भरवाकर उसकी पूजा करते है। क्या रोमन लिपि में लिखे

Shri

की भी वे लोग इसी प्रकार पूजा कर सकेंगे ?

धार्मिक कृत्यों में हम लोग लिखते हैं—

श्री गणेशाय नमः

और अपने उत्सव इसी पंक्ति की पूजा से आरम्भ करते हैं। क्या रोमन लिपि में लिखे

Shri Ganeshai Namah

के प्रति भी हमारे मन में ऐसी ही भावना उत्पन्न होगी ?

त्यौहारों के दिन हम लोग अपने मकानों के अन्दर स्थान-स्थान

राम

पर लिखकर रोली और अक्षर से उसकी पूजा करते हैं। क्या इस देश के अर्द्ध शिक्षित वासी रोमन लिपि में लिखे

Ram

पर इसी भावना से रोली और अक्षत चढ़ा सकेंगे ? बहुत से लोग राम नाम लिखकर गोलियाँ बनाकर मछलियों को खिलाते हैं। ऐसे और भी कई दृष्टान्त दिये जा सकते हैं।

अब तनिक राजनीतिक क्षेत्र में आइए। हमारे कानों में प्रति दिन यह आवाज सुनाई होती है कि अहिन्दी भाषी रोमन लिपि को भले ही स्वीकार कर लें किन्तु नागरी लिपि को कदापि स्वीकार नहीं करेंगे। सच पूछिए तो वे लोग न नागरी लिपि स्वीकार करेंगे न रोमन लिपि। वे लोग तो अपनी ही लिपि का प्रयोग करते रहेंगे। किन्तु यदि महात्मा गाँधी जैसा कोई प्रभावशाली व्यक्ति उनसे नागरी लिपि अपनाने को कहेगा तो तुरन्त

उनके बहुत से अनुयायी बन जायँगे। महात्मा जी गुजरात के निवासी थे और उनकी मातृ-भाषा गुजराती थी। तिसपर भी उनके कहने से लाखों गुजरातियों ने ही नहीं, दक्षिण भारत के भी बहुत से निवासियों ने हिन्दी को राष्ट्र-भाषा मान लिया। मान लीजिए कि कवि रवीन्द्र अपनी रचनाएँ नागरी लिपि में लिखने लगते, तो बंगला की आधी जनता उनका अनुसरण करती और नागरी लिपि के प्रति बंगालियों का विरोध ठंडा पड़ जाता। यदि नेता जी सुभाष बोस नागरी लिपि के स्वीकरण का आग्रह करते तो बंगाल का वातावरण ही बदल जाता। सुधार के पीछे सुधारवादी का व्यक्तित्व बोलता है।

यह तो दिन प्रति दिन स्पष्ट होता जा रहा है कि देश के विभिन्न प्रदेश वासियों को एक दूसरे के समीप लाने के लिए देश भर की एक भाषा नहीं तो कम से कम एक लिपि का होना अत्यावश्यक है। हमारे देश में रोमन लिपि के जानने वालों की संख्या अत्यल्प है। यदि हम उक्त लिपि को स्वीकार करेंगे तो प्रायः सारे देश को एक नई लिपि सिखानी पड़ेगी। किन्तु यदि नागरी लिपि को सार्वदेशिक लिपि मान लिया जाय तो समस्या का बहुत-कुछ समाधान तो आप से आप हो जायगा, क्योंकि आधे से अधिक देशवासी तो इसे जानते ही हैं! उत्तर प्रदेश, राजस्थान, मध्यप्रदेश, महाराष्ट्र, बिहार और हरियाने के प्रायः सभी साक्षर व्यक्ति नागरी लिपि का प्रयोग करते हैं। इसके अतिरिक्त बंगाली, मराठी और पंजाबी, गुजराती भाषा-भाषी भी

उक्त लिपि को विशेष प्रयास के बिना ही पढ़ लेते हैं। तब हमारे देश के लिए कौन सी लिपि व्यावहारिक होगी, नागरी या रोमन? नागरी लिपि के विरोधी इस लिपि में ये दोष बताते हैं

[२] नागरी लिपि के तथाकथित दोष

(क) मुद्रण

(१) नागरी लिपि के मुद्रण के लिए हमारे प्रेसों को लगभग छः सौ सात प्रकार की मुद्राएँ रखनी पढ़ती हैं, जब कि रोमन लिपि कि छपाई के लिए एक सौ पचीस प्रकार की मुद्राओं से काम चल जाता है।

(२) नागरी लिपि में कुछ मात्राएँ अक्षरों के ठीक ऊपर लगाई जाती हैं। इस कारण हमें बहुत सी "करन मुद्रियाँ" रखनी पड़ती हैं।

(३) नागरी लिपि के अक्षरों में बहुत से घुमाव होते हैं जिनके कारण अक्षर देखने में तो बहुत कलापूर्ण होते है किन्तु उनकी बहुत छोटे आकार की मुद्रियाँ बनाना कठिन होता है। और यदि बनाई भी जांय तो स्याही से भर जाती हैं और पढ़ने योग्य नहीं रह जाती।

(४) नागरी लिपि के मुद्रण के लिए लाइनोटाइप यन्त्र का बनना असम्भव-सा है।

हम एक-एक करके उपर्युक्त समस्त बातों का उत्तर देते हैं।

संख्या (१) और (२) के विषय में हम अपने विचार अध्याय ५ में व्यक्त कर चुके हैं।

(३) इसमें सन्देह नहीं कि रोमन लिपि के अक्षर छः प्वाइएट (एक प्वाइंट=१/७२ इंच) के आकार तक के छप जाते है, किन्तु नागरी लिपि के आठ प्वाइंट से छोटे आकार की मुद्रियाँ साधारणतः नहीं बनाई जातीं। पर एक बात है, छोटे आकार की मुद्रियाँ तैयार करने के लिए हम शिरोरेखा को छोड़ सकते हैं। स्वर्गीय डा० गोरख प्रसाद ने एक बार छः प्वाइंट के आकार के शिरोरेखाहीन अक्षर तैयार कराये थे और २-४-१९५५ को उन्हीं मुद्रियों में कुछ सामग्री छपवाई भी थे। हम यहाँ उसका फोटो देते हैं।

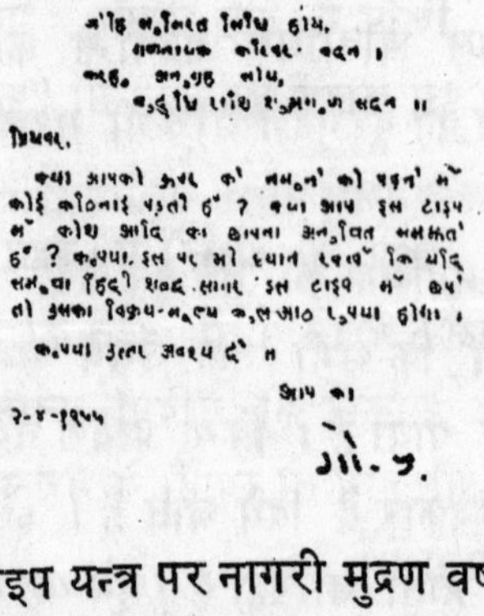

प्रियवर,

क्या आपको ऊपर के नमूनों को पढ़ने में कोई कठिनाई पड़ती है? क्या आप इस टाइप में कोश आदि का छापना अनुचित समझते हैं? कृपया इस पर भी ध्यान रखें कि यदि समूचा हिंदी शब्दसागर इस टाइप में छपे तो उसका विक्रय-मूल्य कुल आठ रुपया होगा।

कृपया उत्तर अवश्य दें॥

आप का

२-४-१९५५

गो० प्र०

(४) लाइनोटाइप यन्त्र पर नागरी मुद्रण वर्षों से हो रहा है।

(ख) अन्य दोष

(५) नागरी लिपि में दूरमुद्रण (Teleprinting) असम्भव है।

(६) नागरी के लिए मुद्रलिख (टाइपराइटर) बनाना कठिन है। यदि बन भी जाय तो उस पर रोमन लिपि के मुद्र-लेखन की भाँति तीव्र गति नहीं आ सकती।

(७) नागरी लिपि में अक्षरों का सातत्य नहीं है, इसलिए शीघ्र नहीं लिखी जा सकती।

(८) नागरी लिपि में स्वरों की कमी है। अतएव इसमें दूसरी भाषाओं, विशेषकर अंगरेज़ी के शब्दों का लिखना असम्भव है।

आइये, इन तर्कों पर भी एक-एक करके विचार कर लें :—

(५) इस विषय में तो हम केवल इतना ही कहेंगे कि नागरी लिपि का दूरमुद्रण कई वर्षों से चालू है। दूरमुद्र (टेलीप्रिण्टर) में ५६ बटन (Keys) होते हैं। यदि हम एक छोटी-सी युक्ति अपना लें तो केवल चौवालिस बटनों से काम चल सकता है। तब नागरी लिपि का दूरमुद्रण और भी सरल हो जायगा। इस विषय के अध्ययन के लिए पाठक ग्रन्थावली देखें।

(६) हिन्दी मुद्रलिख को बने हुए कई दशक बीत चुके हैं। इसमें संशय नहीं कि अभी तक उसमें समस्त युक्ताक्षरों का समावेश नहीं हो पाया है। किन्तु प्रत्येक नये प्रतिमान में दो एक नवीन आष्विकार दे दिये जाते हैं। इस प्रकार मुद्रलिख में क्रमिक सुधार होता जा रहा है। हमें यह नहीं भूलना चाहिए कि अंगरेज़ी का आधुनिक मुद्रलिख उस रूप में नहीं है जिस रूप में सबसे पहला प्रतिमान बना था। उसका क्रमिक विकास हुआ

है और वह दशकों के प्रयोग के पश्चात् वर्तमान रूप में पहुँचा है। हिन्दी का ऐसा मुद्रलिख बनाना सर्वथा सम्भव है जिसमें समस्त युक्ताक्षरों का समावेश हो। केन्द्रीय सरकार ने हिन्दी मुद्रलिख का मानक कुञ्जी पटल (Standard key Board) तैयार करने के लिए एक समिति बनाई थी।

उसके निर्णय के अनुसार नए कुञ्जी पटल पर आधारित मुद्रलिख बाज़ार में आ गये हैं।

(७) यह सच है कि नागरी लिपि में बार-बार कलम को उठाना पड़ता है क्योंकि उसके प्रायः प्रत्येक अक्षर में एक खड़ी और एक बेड़ी रेखा होती है और अक्षरों को एक दूसरे में मिलाया नहीं जा सकता। इसलिए लिखने में तीव्र गति नहीं आ पाती। इसके अतिरिक्त नागरी के अक्षरों में तोड़-मरोड़ बहुत होते हैं। इस कारण अक्षरों का सौन्दर्य भले ही बढ़ जाय, उन्हें लिखने में समय अधिक लगता है। यदि हम रोमन लिपि के अक्षर, जैसे e, h के आर-पार कोई ऊर्ध्व रेखा खींचे तो वह उसे अधिक से अधिक तीन बिन्दुओं पर काटेगी, किन्तु ऐसी ही रेखा नागरी लिपि के ढ या ह जैसे अक्षरों को चार या पाँच बिन्दुओं पर काटेगी।

नागरी लिपि सुधार सम्बन्धी एक विवादग्रस्त प्रश्न है—शिरोरेखा का अस्तित्व। यह तो प्रत्यक्ष ही है कि यदि हम शिरोरेखा न लगावें तो लेखन की गति बहुत बढ़ जायगी। इस

दिशा में वास्तविक प्रयोग किये गये हैं। यह देखा गया है कि हिन्दी लेखक उर्दू और अँगरेज़ी के लेखकों से टक्कर ही नहीं लेते, कभी-कभी उन्हें पीछे भी छोड़ देते हैं। हाँ, ऐसे परीक्षण में एक कसौटी यह अवश्य रहनी चाहिए कि लिखित सामग्री पठनीय रहे, बिलकुल गोरख-धन्धा न बन जाय और वास्तव में, ऐसी प्रतियोगिताओं में लिखा हुआ विषय पूर्ण रूप से पढ़ने योग्य रहा है।

(८) यह बात बिलकुल गलत है कि नागरी लिपि में स्वरों की कमी है। स्वरों की कमी नहीं है, बहुलता है। रोमन लिपि में केवल ५ स्वर हैं। नागरी लिपि में ऋ को छोड़कर १३ स्वर हैं। किन्तु विभिन्न लिपियों के वर्णों की ध्वनियों में बहुत कम सामञ्जस्य हुआ करता है। लिप्यन्तरण करने के लिए हमें सदैव नये चिह्न बनाने पड़ते हैं। यह नागरी लिपि का ही दोष नहीं है। जब हम रोमन लिपि में हिन्दी लिखते हैं तो इस प्रकार के चिह्न बनाने पड़ते हैं:—

ङ के लिए ṅ, ञ के लिए ñ; ण के लिए ṇ श के लिए Ś; ष के लिए Ṣ

उस समय क्या यह विचार हमारे मन में आता है कि यह रोमन लिपि का दोष है कि हम बिना विशेष चिह्नों का प्रयोग किये हिन्दी के शब्द उक्त लिपि में नहीं लिख सकते ? कदापि नहीं। हाँ, इतना अवश्य है कि यह चिह्न एक विशेष हेतु के लिए

बनाये जाते हैं, अतएव सामान्य रोमन लिपि में कभी इनका समावेश नहीं किया जाता। इसी प्रकार नागरी लिपि में अंगरेजी लिखने के लिए विशेष संकेतों का आविष्कार करना ही होगा।

इस संबंध में हम ग्यारहवें अध्याय में अपने विचार विस्तार-पूर्वक व्यक्त करेंगे।

(३) कुछ अन्य बातें

रोमन लिपि में चिह्नों की बड़ी कमी है। सूत्रों और चिह्नों का सबसे अधिक प्रयोग रसायन और गणित में होता है। गणित में हमको सैकड़ों प्रतीकों की आवश्यकता पड़ती है। जब रोमन लिपि के १०४ चिह्नों से काम नहीं चलता तब हम यूनानी वर्णों का सहारा लेते हैं। यूनानी वर्णमाला में बड़े अक्षर मिलाकर ३० चिह्नों से अधिक नहीं होते। इस प्रकार हमें कुल १३४ संकेत उपलब्ध हैं। जब ये भी पर्याप्त नहीं पड़ते तब विशेषक चिह्न जोड़कर इस प्रकार के चिह्न बनाने पड़ते हैं:

x', x'', $x^१$, $x^२$,

किन्तु नागरी वर्णमाला में हमारे पास ४९ चिह्न हैं जिनमें से प्रत्येक पर हम १३ मात्राएँ लगा सकते हैं। इस प्रकार हमें ६३७ चिह्न उपलब्ध हो जाते हैं। हमें तो कभी चिह्नों की कमी पड़ेगी ही नहीं। इसके विपरीत हमारे पास तो थोड़े बहुत चिह्न सदैव फालतू बचे रहेंगे। हमें तो विशेषक चिह्नों का उपयोग विशिष्ट अवसरों पर ही करना पड़ेगा।

रोमनीकरण के सम्बन्ध में इस समय हमारे सम्मुख दो प्रमुख प्रस्ताव हैं :

प्रथम प्रस्ताव

नागरी वर्ण	रोमन वर्ण
अ	a
आ	aa
इ	i
ई	ii
ट	tx
ठ	thx
ड	dx
ढ	dhx
ण	nx
स	s
ष	sx
श	sh

हम यहाँ वर्णमाला नहीं दे रहे हैं क्योंकि उसकी आवश्यकता नहीं है। इतना स्पष्ट है कि इस पद्धति में युक्त वर्णों का सिद्धान्त निहित है। हम यहाँ उदाहरण-स्वरूप हिन्दी के तीन शब्द लेते हैं :

नागरी लिपि	मुद्रियों की संख्या	रोमन लिपि	मुद्रियों की संख्या
तीक्ष्ण	४	tiiksxnxa	९
मृणाल	४	mrnxaal	७
नागरी	५	naagarii	८

यहाँ हमने नागरी मुद्रियों की संख्या मुद्रण की वर्तमान प्रणाली के अनुसार दी है। संशोधित नागरी लिपि में उक्त संख्या में कुछ अन्तर पड़ जायगा।

अब तनिक अपेक्षित मुद्रियों की तुलना करके देखिये। रोमन लिपि में हमें लगभग दूनी मुद्रियों की आवश्यकता पड़ेगी। इस प्रकार रोमन लिपि के मुद्रण में हमारा कितना अधिक समय लगेगा और कागज कितना अधिक व्यय होगा? बहुत थोड़े से लाभ के लिए कितना बड़ा बलिदान देना होगा।

एक बात और भी है। अवकल समीकरण (Differential Equations) के विषय का हम एक प्रश्न यहाँ लेते हैं :

यदि y=s x, तो dy=dsx

उच्च गणित का प्रत्येक विद्यार्थी यह जानता है कि dx का अर्थ है x का अवकल (Differential of x) dy का अर्थ है y का अवकल (Differential of y)। यदि हम हिन्दी को रोमन लिपि में लिखें तो उपरिलिखित समीकरण के विवेचन में dx का यही गणितीय अर्थ रहेगा अथवा यह चिह्न नागरी वर्ण ड का निरूपण करेगा?

अब मुद्रलेखन की समस्या पर विचार कीजिए। रोमनीकरण की उपरिलिखित पद्धति में नागरी के प्रायः आधे अक्षरों में से प्रत्येक के लिए दो बटनों का प्रयोग करना होगा और पाँच छः अक्षरों के लिए तीन-तीन बटनों का। किन्तु नागरी लिपि के मुद्रलेखन में प्रत्येक अक्षर के लिए हम एक ही बटन काम में लाते हैं।

दूसरा प्रस्ताव

नागरी वर्ण	रोमन वर्ण
अ	a
आ	à
इ	i
ई	í
ट	t'
ठ	t`
ड	d'
ढ	'd
ण	n'
स	s
ष	Ś
श	S̀

इस पद्धति में रोमन वर्णों पर विशेषक चिह्न लगाकर उन्हें नये ध्वनिमान दिए गए हैं। अब हम उपरिलिखित तीनों शब्दों को इस नई लिपि में भी लिखकर देखते हैं।

नागरी लिपि	मुद्रियों की संख्या	रोमन लिपि	मुद्रियों की संख्या
तीक्ष्ण	४	tíkśn'a	६
मृणाल	४	m'r'nál	५
नागरी	५	nàgarí	६

इस पद्धति में भी नागरी लिपि की अपेक्षा लगभग ड्योढ़ी मुद्रियों की आवश्यकता पड़ेगी।

इसमें सन्देह नहीं कि इस पद्धति में dx और dy जैसी कठिनाई बहुत कुछ दब जाती है किन्तु सर्वथा मिटती नहीं। इस पद्धति में युक्ताक्षर सिद्धान्त तो नहीं अपनाया गया है किन्तु इसमें भी महाप्राणों के लिए तो युक्त वर्णों का प्रयोग करना ही होगा। अब तनिक गतिविज्ञान के इस सूत्र

$$v^{२} = २ g h$$

पर विचार कीजिये। यान्त्रिकी (Mechanics) की भाषा में इस सूत्र का यह अर्थ है:

$$(\text{वेग})^{२} = २ \times (\text{गुरुत्वाकर्षण}) \times (\text{ऊँचाई})$$

जब हम हिन्दी को रोमन लिपि में लिखेंगे तब gh उपरिलिखित भावों का निरूपण करेगा अथवा नागरी वर्ण "घ" का? गणितीय विषयों में ऐसे भ्रम दिन-रात हुआ करेंगे। हम यह मानते हैं कि यह कठिनाई अपरिहार्य नहीं है क्योंकि अधिकतर

स्थलों पर संदर्भ से अर्थ स्पष्ट हो जायगा। किन्तु हम चाहते हैं कि रोमन लिपि के समर्थक समस्या के इस पक्ष की भी उपेक्षा न करें।

इसके अतिरिक्त मुद्रलेखन में इस प्रणाली के अनुसार भी महाप्राणों के लिए दो-दो बटनों का प्रयोग करना होगा।

एक बात और। इस प्रणाली में दो नये चिह्नों का प्रयोग करना होगा : ' और '। अतएव नागरी लिपि के रोमनीकरण के लिए हमें देश के समस्त मुद्रलिखों (Typewriters) के कुंजीपटलों (Key Boards) का संशोशन करना पड़ेगा। हम यह मानते हैं कि यह कार्य असम्भव नहीं है। किन्तु बात इतनी ही नहीं है। ऐसे कितने व्यक्ति होंगे जो शीघ्र लेखन में उक्त दोनों चिह्नों का अन्तर अक्षुण्ण बनाये रखेंगे। कुछ लेखक जल्दी में इन दोनों चिह्नों के स्थान पर खड़ी रेखा (।) का प्रयोग करेंगे। उक्त स्थान पर दोनों में कौन-सा चिह्न मानना होगा ? इसके अतिरिक्त इन चिह्नों के बनाने के लिए प्रत्येक बार कलम को उठाना पड़ेगा और नागरी लिपि के प्रायः आधे वर्णों में यह चिह्न लगाने होंगे। इस प्रकार रोमन लिपि के अक्षरों का वह सातत्य सर्वथा नष्ट हो जायगा, जिस पर उसके हिमायतियों को इतना गर्व है। अब पाठक स्वयं निर्णय करें कि उक्त प्रस्ताव की स्वीकृति से लाभ अधिक होगा या हानि ?

उपरिलिखित दोनों प्रस्तावों में और भी कई दोष हैं, किन्तु

यहां हम सिद्धान्तों पर ही विचार कर रहे हैं, अतएव विस्तार की बातें छोड़े देते हैं।

इसमें सन्देह नहीं कि नागरी लिपि के रोमनीकरण के सम्बन्ध में अब तक जितने प्रस्ताव दृष्टिगोचर हुए हैं, वर्तमान प्रस्ताव उन सबसे अधिक व्यावहारिक है। किन्तु यह भी दोष रहित नहीं है। जब हम कहते हैं कि "यह अधिक व्यावहारिक है" तो इसका अर्थ इतना ही है कि अन्य प्रस्ताव इसकी अपेक्षा अधिक अव्यावहारिक थे। हमारा यह तात्पर्य कदापि नहीं है कि वर्तमान प्रस्ताव स्वीकार्य है। इस समय देश में "अंगरेज़ी हटाओ" आन्दोलन छिड़ा हुआ है। हम उसके समर्थक नहीं है। किन्तु हम इतना अवश्य कहेंगे कि ऐसे वातावरण में नागरी लिपि के रोमनीकरण का प्रस्ताव सर्वथा अनुपयुक्त है। यदि उक्त प्रस्ताव का औचित्य सिद्ध हो भी जाय तो भी सम्प्रति यह बेल मँढ़े नहीं चढ़ेगी। यों भी हमारे विचार में तो उक्त प्रस्ताव सारे देश के लिए हानिकारक है। इसलिए हम इसे स्वीकार नहीं कर सकते। यदि ऐसे प्रस्ताव से सारे देश की भाषा एक हो जाती तब तो हम कदाचित् इतना बड़ा बलिदान करने को तैयार हो जाते। किन्तु यदि देश की समस्त भाषाओं के लिए भी रोमन लिपि को स्वीकार कर लिया जाय तो भी भाषा वैभिन्य ज्यों का त्यों बना रहेगा। लिपि एक होने पर भी एक भाषा सीखने से दूसरी भाषा आपसे आप नहीं आ जायगी। तब हम चुहिया के लिए पहाड़ क्यों खोदे ?

समय की पुकार तो यह है कि नागरी लिपि सुधार के लिए प्राण पण से प्रयत्न किया जाय। ऐसे जितने भी प्रस्ताव दृष्टि-गोचर हों सबको एकत्र करके हम लोग उन पर पुनः विचार करें। किन्तु यह ध्यान रहे कि सुधारों के नाम पर आमूल परिवर्तन न हों जो नागरी लिपि के स्थान पर एक बिलकुल नई लिपि को जन्म दे दें। प्रायः साठ वर्ष पहले एक सामायिक पत्र "देवनागर" प्रकाशित होता था। उक्त पत्र में देश की समस्त भाषाओं में लेख निकला करते थे जो नागरी लिपि में लिखे जाते थे। वह प्रयास कुछ वर्ष तक चलकर ठंडा पड़ गया। आइए, फिर उसी दिशा में एक बार प्रयत्न किया जाय। किन्तु अहिन्दी भाषियों पर नागरी लिपि जबरदस्ती लादने का कोई विचार नहीं होना चाहिए। और फिर कुछ वर्षों पश्चात् हम स्थिति पर पुनः विचार करें और सोचें कि अब आगे क्या करना है।

(४) रोमन और ग्रीक चिह्न

हमारे विचार में एक क्षेत्र है जिसमें नागरी लिपि का रोमनीकरण सफलता पूर्वक किया जा सकता है। हाल ही में केन्द्रीय सरकार ने यह निश्चय किया है कि वैज्ञानिक विषयों के समस्त संकेत और सूत्र अंग्रेज़ी अक्षरों और रोमन लिपि में लिखे जायंगे। उनका यह निश्चय त्रैमासिक 'भाषा' के मई १९६२ के अंक में छप चुका है। उसके अनुसार गणित और

अन्य प्राविधिक विषयों के स्थिरांक जैसे π, g, e,......सब इसी प्रकार रोमन अथवा ग्रीक लिपि में लिखे जायँगे। केवल स्कूल के स्तर की ज्यामितीय आकृतियों में नागरी अक्षरों का प्रयोग किया जायगा।

हमारे विचार में अब यह आवश्यक हो गया है कि उच्च विज्ञान के क्षेत्र में कौन सी लिपि अपनाई जाय, इस बात पर पुनर्विचार किया जाय। वैज्ञानिक विचारों के आदान-प्रदान के लिए देश भर के वैज्ञानिक अनुसन्धानों के प्रकाशन की एक लिपि हो जाय तो अच्छा है। उक्त परिमित क्षेत्र में नागरी लिपि का प्रयोग हितकर होगा या रोमन लिपि का, इस विषय पर हम अभी कोई मत व्यक्त नहीं कर रहे हैं। देखना है कि सरकार का उपरिलिखित निर्णय व्यावहारिक रूप से किस प्रकार कार्यान्वित होता है। तभी हम इस विषय में किसी निश्चित मत पर पहुँच सकेंगे।

—:o:—

७.

हिंदी मुद्रलिख का कुंजीपटल

एक समय था जब हिंदी मुद्रिलिख का बनना असंभव सा दिखाई देता था। दो कठिनाइयाँ बहुत बड़ी समझी जाती थीं— ऊपर नीचे की मात्राओं की और युक्ताक्षरों की। निम्नलिखित मात्राएँ ऊपर नीचे दी जाती हैं—

े ै ं ं ँ

ु ू ृ ् ् ़

यदि इन मात्राओं के लिए भी मुद्रलिख की सामान्य कुंजियों से काम लिया जाता तो ये मात्राएँ अक्षरों के ऊपर नीचे न पड़कर कुछ आगे पड़तीं यथा : 'जैसे' इस प्रकार लिखा जाता और स्थान अधिक लगता—ज ैस े। 'अंकुश' इस प्रकार लिखा जाता अ ं क ु श। इस प्रकार शब्दों की परंपरागत आकृतियों में बहुत कुछ विकार हो जाता। जहां तक हमें पता है सर्वप्रथम रेमिंग्टन कंपनी ने हिन्दी मुद्रलिख बनाया। तत्पश्चात् और भी कई प्रकार के मुद्रलिख बाजार में आये—आलिवेत्ति, आलिम्पिया आदि। अब भी अधिकांश जनता रेमिंग्टन मुद्रलिखों को ही अधिक पसंद करती है। रेमिंग्टन ने मात्राओं वाली कठिनाई तो गतिहीन (डेड) कुंजियां

लगाकर हल कर ली। इन कुंजियों को दबाने से रोलर आगे नहीं खिसकता। अतः जो मात्राएँ ऊपर नीचे लगती हैं, वह अक्षर से पहले लगा ली जाती हैं। 'ले' लिखने में पहले े की मात्रा लगाई जायगी,तत्पश्चात् 'ल' लिखा जायगा। इस प्रकार मात्राओं वाली समस्या का तो सदैव के लिए समाधान हो गया। यह युक्ति इतनी सुगम थी कि अन्य कंपनियों ने इसे तुरंत अपना लिया।

रेमिंग्टन कंपनी ने कुछ युक्ताक्षर भी दिए हैं—

श्र, द्द, द्ध, त्त, त्र, ह्म, द्य, क्ष, ज्ञ

यों समझना चाहिए कि रेमिंग्टन कंपनी ने उन युक्ताक्षरों को अपने कुंजीपटल में स्थान दे दिया जिनकी अधिकतर आवश्यकता रहती है। किन्तु फिर भी काफी युक्ताक्षर ऐसे रह गए जिनको उनके कुंजीपटल में स्थान नहीं मिल सका। शेष कंपनियों ने जो यंत्र बनाये उनमें तो इतने युक्ताक्षरों को भी स्थान न मिल पाया। कारण, उन कंपनियों ने युक्ताक्षरों के बदले अंग्रेज़ी विराम चिह्नों को अपने कुंजीपटल में ले लिया। समस्त युक्ताक्षरों को इन यंत्रों पर हल चिह्न लगाकर ही लिखना पड़ता है। ऐसे यंत्रों पर 'विद्या' जैसे शब्द को भी इस प्रकार 'विद्‌या' लिखना पड़ेगा। इस कारण अक्षरों का स्वरूप तो बदलेगा ही, साथ ही लोगों की इस शब्द को 'विदया' पढ़ने की प्रवृत्ति बढ़ जायगी। इस समय भी उर्दू भाषी और पंजाबी भाषी हिन्दी के

बहुत से शब्दों का ठीक उच्चारण नहीं कर पाते। उक्त दशा में यह दोष और भी बढ़ जायगा।

कुंजी-पटल- सम्बन्धी अपने प्रस्ताव देने से पहले हम ऐसे सामान्य गुणों पर विचार करेंगे जो हमारे विचार में हिंदी मुद्रलिख में होने चाहिए—

१—जहाँ तक हो सके, अक्षरों का स्वरूप न बिगड़ने पाए। जहाँ कहीं अनिवार्य हो वहाँ भी यह प्रयत्न किया जाय कि अक्षरों के स्वरूप में कम से कम परिवर्तन हो।

२—यदि हिन्दी के समस्त युक्ताक्षरों का समावेश कुंजी पटल में हो जाय तो अत्युत्तम हो। यदि यह संभव न हो तो प्रयत्न करना चाहिए कि उनकी अधिक से अधिक संख्या का समावेश हो जाय।

हिन्दी में कई प्रकार के युक्ताक्षर बनते हैं। कुछ अक्षर तो ऊपर नीचे लिखे जाते हैं जंसे

गुप्त, कष्ट, बच्चा।

अब अधिकतर लेखक इन अक्षरों को आगे पीछे लिखने लगे हैं जैसे—

गुप्त, कष्ट, बच्चा।

अतः इस प्रकार के युक्ताक्षरों को कुंजी पलट में रखने की कोई आवश्यक नहीं है।

कुछ अन्य युक्ताक्षरों पर विचार कीजिए—

श्र, क्त, त्त, त्र, क्क, ट्ट, ड्ड, ह्ल, ह्न

इस प्रकार के युक्ताक्षरों को हम दूसरे ढंग से भी लिख सकते हैं—

श्रू, क्त, त्त, त्र, क्व, रु, रू, ह्र, हृ—

अतः इस प्रकार के युक्ताक्षरों को भी यदि हम कुंजी पटल में स्थान न दें तो कोई हानि नहीं है।

इनके अतिरिक्त कुछ युक्ताक्षर ऐसे है जिनमें मौलिक अक्षरों का रूपांतर हो जाता है—

ट्य, ड्य, ह्य, ह्म, द्य, द्ध, द्व, द्ब, ड्रू, द्द, द्ग, ह्व, ह्ल, ह्ल, ट्ट, ट्ठ, ड्ड, ड्ढ,

इस प्रकार के युक्ताक्षर या तो इसी ढंग से लिखे जा सकते हैं या फिर हल चिह्न लगाकर। यह प्रयत्न होना चाहिए कि इस प्रकार के समस्त युक्ताक्षरों का हमारे कुंजी पटल में समावेश हो जाय।

३—हिन्दी मुद्रलिख पर मुद्रलेखक की कम से कम उतनी गति हो सके जितनी अंग्रेज़ी मुद्रलिखों पर हो सकती हैं। प्रयत्न तो यह होना चाहिये कि उससे भी तीव्र गति हो किन्तु संप्रति यदि उतनी भी हो जाय ती उसे बहुत समझना चाहिए।

४—सन् १९५४ में लखनऊ में एक नागरी लिपि-सुधार-सम्मेलन हुआ था। उसने यह प्रस्ताव पारित किया था कि अंग्रेज़ी के समस्त विराम चिह्न हिंदी में अपना लिये जायं। यों भी अधिकतर हिंदी लेखक इन चिह्नों का प्रयोग करने लगे हैं। अतः इन चिह्नों को भी हिंदी मद्रलिख में स्थान मिलना चाहिए।

५—हिंदी मुद्रलिख में १ से ९ तक के संख्यांक और अंकगणित की चारों मूलभूत क्रियाओं के चिह्न होने चाहिए। पूर्णांकों का तो प्रायः समस्त हिंदी मुद्रलिखों में समावेश है किन्तु चारों अंकगणितीय चिह्नों को अभी तक किसी भी मुद्रलिख में स्थान नहीं मिला है। इसके अतिरिक्त यदि समीकरण चिह्न =, और कोष्ठकों को भी स्थान मिल सके तो अच्छा है। कुछ विशेष चिह्न ऐसे हैं जिनकी प्रायः आवश्यकता पड़ती ही रहती है—

तारिका, अधोरेखा, भागरेखा

इन चिह्नों का यथासाध्य हमारे कुंजीपटल में समावेश होना चाहिए।

६—नागरी में अभी तक ये पाँच अक्षर दो प्रकार से लिखे जाते रहे हैं—

अ, अ; ण, ण; झ, झ; क्ष, क्ष, ल, ल

लखनऊ संमेलन ने इनमें से प्रत्येक का दूसरा रूप ही स्वीकार किया है। अ का मराठी रूप लिखना सुगम है। ण का पहला रूप लिखने में रा का भ्रम होता है। अतः मराठी आधा ण लिखना अधिक उपयुक्त है। झ, ल के आधे अक्षर सरलता से नहीं बन सकते। क्ष का भी मराठी रूप सरल है। अतः इन्हीं रूपों को कुंजीपटल में स्थान मिलना चाहिए। हम केवल झ को इस नियम का अपवाद मानने को तैयार हैं। कारण, झ को इस प्रकार लिखने में एक कुंजी की बचत होती है। यह बात इस लेख के अंत में स्पष्ट हो जायगी।

अब तक अंक ६ के तीन रूप प्रचलित है--इनमें से केवल यह रूप ९ ही लखनऊ संमेलन ने स्वीकार किया है। किन्तु हम इस रूप ६ को अपनायेंगे क्योंकि इसको अपनाने में भी एक कुंजी बच जाती है।

७– नागरी लिपि सुधार के सम्बन्ध में अ की बारहखड़ी का प्रश्न भी विवाद का विषय बना हुआ है। यहाँ हम इस प्रश्न के विभिन्न पक्षों पर विचार नहीं करेंगे। किन्तु इतना निश्चित है कि भाषावैज्ञानिक भी जो अ की बारहखड़ी को अवैज्ञानिक बताते हैं, यह स्वीकार करते हैं कि ए, ऐ के ये रूप अे, अै सर्वथा वैज्ञानिक हैं। और इन रूपों को स्वीकार करने में एक कुंजी की बचत हो जाती है। अतः हम इन्हीं रूपों को अपनायेंगे।

८–नागरी में अधिकतर अक्षरों के सस्वर और स्वररहित दो रूप होते हैं। यदि ऐसे समस्त अक्षरों के स्वररहित रूप ही दिये जाएँ, जिनके अन्त में खड़ी पाई होती है, तो खड़ी पाई जोड़ देने से सस्वर रूप बन जाता है। कई मुद्रलिखों के कुंजी पटलों में कई एक अक्षर केवल स्वररहित रूप में दिए रहते हैं। जैसे ज के स्थान पर केवल ज्‌ होता है और ा जोड़ने से ज बन जाता है। इसमें संदेह नहीं कि इस प्रकार ज बनाने में दो कुंजियों को दबाना पड़ता है। इसका यह उपाय हो सकता है कि ा की कुंजी स्वचालित हो जिसका संबंध ऐसी समस्त कुंजियों से हो जिनमें अक्षरों के स्वररहित रूप दिये हों। ज्योंही हम ज्‌ की कुंजी दबायें, ा की कुंजी आप से आप दब जाय और ज्‌ के अंत में ा अपने

आप भिड़ जाय। जब कभी ज्ही बनाना अभीष्ट हो, तब 'कल बदल' को दबाना पड़े। इस प्रकार की युक्ति बनाना यंत्रज्ञों का काम है।

स्वचालित कुंजी के विषय में जो व्यावहारिक कठिनाइयाँ हैं उनका उल्लेख केंद्रीय सरकार की टाइपराइटर समिति ने अपने प्रतिवेदन में किया है। देखिये ग्रंथावली (7१) अध्याय ७। तत्पश्चात् वे यह भी लिखते हैं कि हम यह नहीं कह सकते कि यह युक्ति सर्वथा असंभव है। यदि इस विषय में और भी खोज की जाय तो संभव है कि उपरिलिखित कठिनाइयाँ दूर हो सकें।

किन्तु यदि यह मान भी लिया जाय कि इस युक्ति को व्यावहारिक रूप देना असंभव है तो भी जैसे अंग्रेजी में ja लिखने में दो कुंजियों का प्रयोग करना पड़ता है, उसी प्रकार नागरी लिपि में भी दो कुंजियाँ दबानी पड़ेंगी। अतः हिंदी के मुद्रलेखन में अंग्रेजी के मुद्रलेखन से अधिक समय नहीं लगेगा।

रेमिंग्टन कुंजीपटल के दोष–

(क) बहुत से युक्ताक्षर नहीं है जैसे–

ह्य, ह्र, ट्ट, ट्ठ, ह्म, द्व, छ्व, ड्ड, ड्ड, द्ध, द्घ, द्ब

(ख) इन अक्षरों के स्वररहित रूप नहीं है–

ण, फ, ब,

अतः उक्त मुद्रलिख पर निम्नलिखित शब्दों का मुद्रलेखन हो ही नहीं सकता–

अक्षुण्ण, विषण्ण, फ्य।स, शब्द, ब्याह

(ग) र का यह रूप ‸ नहीं है। अतएव इस प्रकार के शब्द उष्ट्र, राष्ट्र ठीक तरह नहीं लिखे ज़ा सकते–इस चिह्न को बनाने के लिए हलंत और अर्ध र-कार दोनों बटन दबाने पड़ते हैं। फिर भी ‸ ठीक प्रकार से नहीं बन पाता।

(घ) पाई को छोड़कर अन्य विराम चिह्न नहीं हैं। अंकगणितीय चिह्न नहीं हैं। तारिका चिह्न, अधोरेखा, और भाग रेखा (सौलीडस) भी नहीं है। दाहिने हाथ की बिन्दी भी नहीं है, अतः ङ बनाना असंभव है।

केंद्रीय सरकार का कुंजीपटल

हाल ही में केंद्रीय सरकार ने एक कुंजीपटल तैयार किया है। उसमें एक नये सिद्धांत का प्रतिपादन किया गया है—अर्धगति सिद्धांत। कुछ अक्षर ऐसे हैं जो क्षैतिज दिशा में अन्य अक्षरों से आधा स्थान घेरते हैं जैसे इ, ई की मात्राएं और व्यंजनों के स्वररहित रूप। किन्तु रेमिंग्टन यंत्र में ऐसे चिह्नों की कुंजियों को दबाने से भी पूरी गति होती है। इसका परिणाम यह निकलता है कि कुछ शब्दों के बीच में अधिक स्थान छूट जाता है, कुछ के बीच में कम। मान लीजिए कि हमें यह लखना है—

राम की बच्ची खेल रही है।

तो रेमिंग्टन पर यह वाक्य इस प्रकार लिखा जायगा—

राम की बच्ची खेल रही है।

'राम' और 'की' के बीच में जितना स्थान छूटा होगा उससे अधिक स्थान 'की' और 'बच्ची' के बीच में छूटा होगा। इसी प्रकार 'बच्ची' और 'खेल' के बीच में भी अधिक स्थान छूटा होगा। 'खेल' और 'रही' के बीच में कम स्थान छूटा होगा, 'रही' और 'है' के बीच में फिर अधिक स्थान छूटा होगा। इसका कारण यह है कि इन पंक्तियों के समांतर 'ी' उतना स्थान नहीं घेरती जितना 'म' और 'ल' घेरते हैं।

इसके अतिरिक्त बच्ची में भी 'च' और 'ची' के बीच में कुछ स्थान छूट जायगा जो बड़ा भद्दा लगता है।

सरकारी कुंजीपटल ने इस दोष को दूर कर दिया। इसके अतिरिक्त उक्त पटल में कुछ अक्षरों के केवल स्वररहित रूप ही दिए गए हैं। इस प्रकार कुछ कुंजियाँ खाली बच रहीं जिनपर उन्होंने अंग्रेजी विराम चिह्न और अंकगणित के चिह्न बैठा दिये। अतएव कुंजीपटल में कुछ सुधार अवश्य हुआ।

सरकारी कुंजीपटल का विश्लेषण

(१) पूर्ण अक्षर

पूर्ण गति—अ इ उ ऋ ए

क ग च छ ज झ ट ठ ड ढ

त द न प ब म य ल व स

ह

त्र ज्ञ श्र ळ =३०

अर्ध गति–र=१ =१

(२) अर्धाक्षर (अर्ध गति)

क् ख् ग् घ् च् ज् ण् त् थ् ध्

न् प् ब् भ् म् य् ल् व् श् ष् स्

क्ष् =२२

(३) मात्रायें

गतिहीन ु ृ ॆ . : ^ ँ ् े ' ़ / =१४

अर्धगति ा ि ी ॅ =४

(४) संख्यांक (पूर्ण गति)

१ २ ३ ४ ५ ६ ७ ८ ९ ० = १०

(५) विशेष चिह्न

पूर्ण गति–? / * , ' ( ) × = o/o = ११

अर्ध गति–– – = १

९२

लखनऊ सम्मेलनों की संस्तुति थी कि कुछ विशेष चिह्नों का समावेश हमारे कुंजीपटल में होना चाहिये। उनमें से निम्न-

लिखित को उपरिलिखित कुंजीपटल में स्थान नहीं मिल पाया है :

− † + ÷ ! =५

सरकारी कुंजीपटल के दोष

१–युक्ताक्षरों का सर्वथा अभाव है। अतः समस्त युक्ताक्षरों को हलचिह्न लगाकर ही बनाना होगा। इस प्रकार युक्ताक्षरों का सौदर्य ही नष्ट हो जायगा। इसके अतिरिक्त कुछ समय पश्चात् लोगों की हल चिह्न लगाने की आदत छूट जायगी। आज भी बहुत से लेखक पश्चात् और अर्थात् के अंत में हल चिह्न नहीं लगाते। अतएव कुछ समय पश्चात् इस प्रकार के शब्द हमें नित्य दिखाई पड़ा करेंगे :–

अदभुत, दवारा, लटट्रू

(२) एक कुंजी में य के सस्वर और स्वररहित दोनों रूप दिये गये हैं। क्या स्वररहित रूप केवल ऐसे शब्दों के लिए हैं जैसा "आर्य्य" ? ऐसे शब्द तो संस्कृत में ही काम में आते हैं क्योंकि हिन्दी वाले तो बिरले ही ऐसे हैं जो इन शब्दों को इस प्रकार लिखें। फिर य के इस रूप के लिये एक कुंजी क्यों व्यर्थ लगाई गई है। काका कालेलकर समिति के प्रतिवेदन के अनुसार य की वारंवारता ३·७ और इसके स्वरहित रूप की वारंवारता .०१२ है। इतनी सी वारंवारता के लिए एक कुंजी निर्धारित करना सर्वथा

अनावश्यक था। इस संदर्भ में यह बात ध्यान देने योग्य है कि कुंजी पटल में 'ञ' को कोई स्थान नहीं दिया गया है जिसकी वारंवारता .०२ है। इसके अतिरिक्त 'ह्' के स्वररहित रूप को भी स्थान नहीं दिया गया है जिसकी वारंवारता य के स्वररहित रूप की वारंवारता के बराबर है।

हमारा प्रस्ताव

आजकल प्रायः समस्त मानक मुद्रलिखों में ४६ बटन होते हैं और प्रत्येक बटन पर दो चिह्न होते हैं। इस प्रकार सब मिलाकर ९२ चिह्नों का मुद्रलेखन हो सकता है। हम इन ९२ चिह्नों को इन वर्गों में विभक्त करेंगे–

(i) पूर्ण गति कुंजियाँ

१–निम्नलिखित स्वर—

अ, इ, उ, ऋ=४

२–निम्नलिखित व्यंजन—

छ, ट, ड, ढ, द, र, व=७

३–निम्नलिखित युक्ताक्षर–

छ्व, ट्ट, ट्ठ, ड्ड, ड्ढ, द्द द्ध, द्भ, द्म, द्ब, द्र, द्घ, द्व=१३

४–अंकगणितीय चिह्न

१ २ ३ ४ ५ ६ ७ ८ ०

+ – × ÷ = / ( ) =१७

५–विशेष चिह्न

? — * । !

य (यह य का विकृत रूप है जो "कास्य,ग्राह्य" में दृष्टिगोचर होता है) =६

———
५१

(ii) अर्घ गति कुंजियाँ

१–व्यंजनों के निम्नलिखित स्वररहित रूप:

क ख ग घ च ज झ ण थ ट ध न
प फ ब भ म य ल श ष स ह (=ह)
क्ष ज्ञ =२५

२–निम्नलिखित मात्रायें:

ा ि ी =३

३–विशेष चिह्न

२
———
३०

(iii) गतिहीन कुंजियाँ

१–मात्रायें:

ु ू े ै ं ़ ँ ॅ . =९

२–विशेष चिह्न =२

् ृ (र के चिह्न)

———
११

सारांश

पूर्ण गति कुंजियाँ	५१
अर्ध गति कुंजियाँ	३०
गतिहीन कुंजियाँ	११
	९२

उपरिलिखित तालिका में निम्नलिखित चिह्न नहीं आये हैं:

ऊ ो ौ क भ ठ फ ह

किन्तु इन समस्त चिह्नों को व्यक्त करने का साधन हमारे पास विद्यमान है।

(क) पूर्णगति कुंजियों में से विशेष चिह्नों के अंतर्गत तीसरा चिह्न इस प्रकार है। ꣳ अब तनिक इन चिह्नयुग्मों पर विचार कीजिये—

व + ꣳ = क

प + ꣳ = फ अर्थात् ᳐ + ा + ꣳ = फ

भ + ꣳ = भ

ह + ꣳ = ह

ट + ꣳ = ठ,

उ + ꣳ = ऊ,

र + ꣳ = रु।

इनमें से अंतिम चिह्न को हम इस प्रकार रु भी लिख सकते हैं।

हमने 'व' को भी पूर्णगति कुंजियों में स्थान दिया है। हम इसको इस प्रकार भी लिख सकते हैं—

ॅ + ा

इनमें से पहले चिह्न के लिए भी किसी अतिरिक्त कुंजी की आवश्यकता नहीं थी क्योंकि यह काम हम शून्य बिंदु से ले सकते थे। किन्तु ऐसी स्थित में 'क' इस प्रकार बनेगा—

ॅ + ा + क़

अतः क बनाने के लिए तीन बटन दबाने पड़ेंगे। और क प्रायः समस्त अक्षरों में सबसे अधिक प्रयुक्त होता है। अतएव उक्त दशा में मुद्रलेखन की गति मन्द पड़ सकती है। इस कारण हमने 'व' को एक स्वतन्त्र कुंजी दी है। तथापि यदि हमारा स्वचालित 'ा' की कुंजी वाला प्रस्ताव कार्यरूप में परिणत हो जाय तो 'व' की कुंजी की कोई आवश्यकता नहीं रहेगी। ऐसी दशा में हमारे पास एक कुंजी फालतू बच रहेगी। उक्त कुंजी पर हम ळ अथवा ०/० बैठा सकते हैं।

हमने अपने कुंजीपटल में ह को कोई स्वतन्त्र कुंजी नहीं दी है। इसका कारण तो उपरिलिखित तालिका से स्पष्ट हो ही जायगा किन्तु ह के और भी कई उपयोग है—

ह + व = ह्व (ह्व)

ह + न = ह्न (ह्न)

ह + ल = ह्ल (ह्ल)

ह + म = ह्म (ह्म)

ह + य = ह्य (ह्य)

ह + ृ = हृ (हृ)

ह + ण = ह्ण (ह्ण)

ह + ् = ह् (ह्)

यह प्रस्ताव कोई नया नहीं है। बहुत से प्रेस अब इस प्रकार का आधे 'ह' का चिह्न रखते है जो ह् का काम देता है।

(ख) पूर्णगति कुंजियों के अन्तर्गत अंतिम चिह्न य है। इसकी सहायता से हम निम्नलिखित प्रकार के शब्द लिख सकते हैं—

काढ्य, जाड्य, बाह्य

इनमें से अंतिम चिन्ह ह्य को लिखने का एक अन्य ढंग हम ऊपर दे चुके हैं किन्तु यह पिछला ढंग अधिक वांछनीय होगा।

(ग) ओ और औ की मात्राओं के कारण कोई कठिनाई नहीं पड़ेगी क्योंकि

े + ा = ो

ै + ा = ौ

(घ) पूर्णगति कुंजियों में विशेष चिन्हों के अंतर्गत विसर्ग चिह्न दिए गए हैं। यही चिन्ह उपविराम (अंग्रेजी कोलन) का भी काम देंगे।

(ङ) अंकगणितीय चिन्हों में से शून्य चिह्न के कई उपयोग हैं। यही चिह्न स्वररहित व का काम देगा। इसके अतिरिक्त कभी कभी हम पंडित को पं० लिखते हैं। इस संक्षेप चिह्न का काम भी यही चिह्न देगा।

— के दो उपयोग हैं, –ऋण चिह्न और वियोजिका (हाइफन)

(च) अंकगणितीय चिह्नों में से एक चिह्न / है। यह चिह्न अंकगणितीय भिन्नों में 'बटे' का काम देगा। इसके अतिरिक्त इसी के द्वारा गलत अक्षरों को काट भी सकते हैं, यद्यपि यह काम पाई से भी लिया जा सकता है।

(छ) अर्धगति कुंजियों के अंतर्गत विशेष चिह्नों में पहला चिह्न ⌐ है। इसकी सहायता से ड का ङ बनाया जा सकता है और , का ; (अंग्रेजी कामा का सेमी कोलन)। और यही चिह्न दशमलव बिंदु का काम भी देगा।

(ज) गतिहीन कुंजियों में मात्राओं के अंतर्गत अंतिम चिह्न ⌐ है। इस बिन्दु का प्रयोग इस तालिका से स्पष्ट हो जायगा—

ड + ⌐ = ड़,

ढ + ⌐ = ढ़,

ज + ⌐ = ज़,

फ + ⌐ = फ़,

क + ⌐ = क़,

ग + ⌐ = ग़,

झ + ़ = झ़,

। + ़ = !

(झ) मात्राचिन्हों में एक चिन्ह ॅ भी है। इसका उपयोग इस प्रकार है—

ॅ रेफ चिन्ह (कर्म, गर्व आदि में)

इ + ॅ = ई

द + ॅ = द्द

(ञ) ‸ का उपयोग र के चिह्न के अतिरिक्त काकपद (करेट) के लिये भी हो सकता है। हमने इस अध्याय में केवल चिह्नों के स्वरूपों पर विचार किया है। कुंञ्जीपटल में ये किस प्रकार सजाए जाएँगे, अर्थात् पहली पंक्ति में कौन-कौन से चिह्न रहेंगे, दूसरी पंक्ति में कौन-कौन से और प्रत्येक पंक्ति में पहला चिह्न कौन सा, दूसरा चिह्न कौन सा आदि बातों पर हम कोई राय नहीं दे सकते। यह काम प्रेस वालों का है।

हमारा विचार है कि हम ऊपर दिये हुए कुञ्जीपटल से हिंदी के समस्त युक्ताक्षर बना सकते हैं। और उक्त कुञ्जीपटल पर हमारी मुद्रलेखन गति अंग्रेजी से कम नहीं होगी। इस कुञ्जीपटल पर यह आपत्ति हो सकती है कि इसमें 'क' बनाने के लिए दो बटन दबाने पड़ेंगे और समस्त अक्षरों में 'क' ही सबसे अधिक प्रयुक्त होता है। अतः हम यह विकल्प देते हैं कि सस्वर व्यंजनों में 'व' के स्थान पर 'क' दे दिया जाय और व को इस प्रकार—

व + ा = व

बनाया जाय जैसा कि हम ऊपर इंगित कर चुके हैं। 'व' बहुत अधिक प्रयुक्त नहीं होता। अतः इस प्रस्ताव से मुद्रलेखन गति में कोई अन्तर नहीं पड़ेगा।

—: o :—

८.

अध्याय

हमारे प्रस्ताव (क)

इस अध्याय में हम पाठकों को यह बतायेंगे कि हमारे विचार में अभी नागरी वर्णमाला और लिपि में और कौन-कौन से सुधार अपेक्षित हैं। इनमें से कुछ प्रस्ताव ऐसे होंगे जिनमें हमें संस्कृत व्याकरण के नियमों की अवहेलना करनी होगी। हम जानते हैं कि वैयाकरण और रूढ़िवादी ऐसे प्रस्तावों पर नाक भौं सिकोड़ेंगे किंतु उन्हें यह नहीं भूलना चाहिए कि हमारी नागरी लिपि प्रायः इसी रूप में पिछले ८०० वर्ष से चली आ रही है। इन आठ शताब्दियों में दुनियाँ बदल गई। नये विचार, नयी आवश्यकतायें, नये संपर्क स्थापित होते जा रहे हैं। हमें भी समय के अनुसार ही चलना है।

अमेरिका में, और थोड़ी बहुत इंगलैण्ड में भी, भाषा के साथ स्वतंत्रता बरती जा रही है। शब्दों की अक्षरी के विषय में जो सुधार वे लोग कर रहे हैं, उनका उल्लेख तो हम एक पिछले अध्याय में कर ही चुके हैं। वह लोग नित्य नये शब्द भी बनाते जा रहे हैं, जैसे:

Cinerama = Cinema + Panorama

Motel = Motor + Hotel

Botel = Boat + Hotel

Tion = Tiger + Lion (वह पशु जिसका पिता टाइगर और माता लायन हो)

Liger = Lion + Tiger (वह पशु जिसका पिता लायन और माता टाइगर हो)

Tilk = Tea + Milk

इसके अतिरिक्त वे लोग नये-नये क्रिया पद भी बनाते जा रहे हैं,

जैसे : Factoring = Factorizing

Funding = Providing funds

Okaying = Accepting as correct

आज-कल अमेरिका में निम्नलिखित प्रयोग धड़ल्ले से चल रहे है।

He met me Monday.

The Situation Wednesday was critical.

The rules are as shown following.

These here potatoes are not good.

He is a candidate for governor.

ऐसे सैकड़ों उदाहरण दिये जा सकते हैं। जब कभी कोई उनसे कहता है कि "यह प्रयोग व्याकरण की दृष्टि से अशुद्ध है,"

तो वे लोग उत्तर देते हैं कि "हम लोग व्याकरण के दास नहीं हैं, व्याकरण हमारा दास है। व्याकरण कोई निश्चल तालाब नहीं है, बहती नदी है। भाषा में ज्यों-ज्यों परिवर्तन होते चलें व्याकरण का स्वरूप भी बदलते जाना चाहिये।"

यह बहुत शुभ लक्षण है कि हिन्दी की प्रकृति में भी परिवर्तन होता जा रहा है। यहाँ हम इस समस्या पर व्यापक दृष्टि से विचार नहीं करेंगे, केवल उसके एक पक्ष की ओर ही पाठकों का ध्यान आकृष्ट करेंगे। हिन्दी में भी नये-नये शब्द बनते जा रहे हैं। इनमें से कुछ शब्द ऐसे हैं जो व्याकरण के नियमों से सिद्ध नहीं किये जा सकते, उदाहरणार्थ,

वैचारिकी	Judiciary
दैनिकी	Diary
यापिती	Receiver
प्रेषिती	Consignee

ये शब्द बराबर चल रहे हैं। अतएव हिन्दी-प्रेमियों को भी व्यापक दृष्टिकोण अपनाना चाहिए। समय के साथ चलना चाहिये। अपनी भाषा और लिपि को समयानुकूल बनाते हुए आगे बढ़ाना चाहिये। "हमारी भाषा और लिपि में कभी किसी सुधार की आवश्यकता नहीं है," ऐसी मनोवृत्ति से आज-कल की दुनियाँ में काम नहीं चलता।

वर्णमाला सम्बन्धी प्रस्ताव

(१)'ऋ' वर्ण को वर्णमाला से निकाल देना चाहिये।

इस विषय में हम अध्याय २ में अपने विचार व्यक्त कर चुके हैं। लकीर पंथी कहेंगे कि 'ऋ' और 'रि' में वास्तविक अन्तर है और प्रत्येक पृथक ध्वनि के लिए पृथक चिह्न होना ही चाहिये। किन्तु मनुष्य जितने प्रकार की ध्वनियाँ अपने मुंह से निकाल सकता है, उनकी संख्या अनन्त है। उनमें से बहुत ही थोड़ी ऐसी हैं जिन्हें वर्णमाला में स्थान दिया जाता है। स्पष्ट है कि केवल उन्हीं ध्वनियों को यह गौरव प्राप्त होना चाहिये जो प्रतिदिन अथवा बहुधा काम में आती हों। अतएव 'ऋ' को अब नागरी वर्णमाला में रखने का कोई कारण नहीं दिखाई देता क्योंकि यह ध्वनि व्यावहारिक रूप से कभी काम में नहीं आती। इसके स्थान पर हम जिस ध्वनि का उच्चारण करते हैं वह स्वर नहीं, व्यंजन 'रि' है। अतः 'ऋ' के स्थान पर रि से काम चलाना चाहिये।

(२) जो बातें ऋ के सम्बन्ध में कही गई हैं, बहुत कुछ अंशों में 'श' पर भी लागू हैं। इसमें सन्देह नहीं कि 'श' का उच्चारण स्थान 'ष' के उच्चारण स्थान से भिन्न है किन्तु आज कितने व्यक्ति 'श' का शुद्ध उच्चारण करते हैं। जिन व्यक्तियों को नागरी वर्णमाला का साधारण ज्ञान हो उनमें से अधिकतर को इस बात का पता भी नहीं है कि 'श' और 'ष' के उच्चारण में क्या अन्तर है। हमारा ध्यये तो राष्ट्रलिपि को सरल बनाता है। जिस दिन नागरी लिपि का निर्माण हुआ होगा उस दिन कदाचित् उच्चारण

के इतने सूक्ष्म भेद रखने की आवश्यकता रही होगी। अब तो यह आवश्यक है कि हमारी राष्ट्रलिपि अर्ध शिक्षित व्यक्तियों तक के बिल्कुल निकट पहुँच जाए। तब उच्चारण के इतने सूक्ष्मान्तर रखने की क्या आवश्यकता ? 'श' का काम सर्वत्र 'ष' से लिया जाए। व्यावहारिक रूप से आज कल हो भी यही रहा है। प्रायः हम सभी लोग 'पश्चिम' लिखते हैं किन्तु 'पष्चिम' पढ़ते हैं, 'पश्चात्' लिखते हैं, 'पष्चात्' पढ़ते हैं।

'श' के विषय में भाषा वैज्ञानिकों में मतभेद है। कुछ विद्वान यह कहते हैं कि 'श' तालव्य नहीं है, वर्त्स-तालव्य (Vortex-palatal) है। दो एक विद्वानों ने हमें यह भी बताया है कि ष का वास्तविक उच्चारण लुप्त हो गया है और आज हम 'ष' के स्थान पर 'श' का उच्चारण करते हैं। यदि ऐसा है तो हमें अपनी वर्णमाला में 'श' रखना चाहिये, 'ष' को निकाल देना चाहिये। मतलब यह है कि श, ष दोनों की आवश्यकता नहीं है।

(३) ङ और ञ को निकाल देना चाहिये। ङ तो कहीं काम में आता ही नहीं। ञ के स्वररहित रूप की भी आवश्यकता नहीं पड़ती। सदैव बिन्दी से काम चल जाता है।

ङ के स्वररहित रूप के बदले भी बिन्दी ही लगाई जातो है।

(४) क्ष, त्र, ज्ञ को भी वर्णमाला से निकाल देना चाहिये। ये तीनों युक्ताक्षर हैं। इन्हें वर्णमाला में स्थान क्यों दिया

गया, इसका कारण समझ में नहीं आता। क्ष और त्र तो सरलता से इस प्रकार :—

क्ष, त्र

लिखे जा सकते हैं।

ज्ञ का उच्चारण पहले जो भी रहा हो, अब तो प्रायः समस्त हिंदीविद् इसे 'ग्य' बोलते हैं। यह अक्षर इस प्रकार केवल बोला ही नहीं जाता, कहीं-कहीं लिखा भी जाता है। देखिए—

खोजइ सो कि अग्य इव नारी।
ग्यान धाम श्री पति असुरारी॥

—श्री रामचरितमानस, गीता प्रेस, गोरखपुर सं० २००३
बालकाण्ड पृ० ६४ :

इस चौपाई में उक्त अक्षर दो स्थानों पर आया है; दोनों स्थानों पर इसका रूप 'ग्य' ही दिया गया है।

ऐसा भी नहीं है कि यह छापे की गलती हो क्योंकि 'कल्याण' के 'मानसांक' में भी उक्त चौपाई इसी प्रकार लिखी गई है। अतः स्पष्ट है कि देश के कुछ भागों में ज्ञ का यह रूप—'ग्य' प्रचलित रहा है और अब भी है। फिर क्यों न इसी रूप को अपना लिया जाए?

(५) अंग्रेजी के W की ध्वनि के लिए एक नया चिह्न बनाना चाहिए। हमारी समझ में यह रूप व के नीचे बिन्दी लगाकर

व्यक्त करना चाहिये। ऐसा कुछ लोग करने भी लगे हैं।

पाठक कहेंगे कि एक ओर तो हम उच्चारण के सूक्ष्मान्तरों को हटा रहे हैं और दूसरी ओर इस सूक्ष्मान्तर के लिये एक नया चिह्न बना रहे हैं। किन्तु हम केवल ऐसे सूक्ष्मान्तरों को हटाना चाहते हैं जो अव्यावहारिक हैं। V और W के उच्चारण का अन्तर तो सर्वथा व्यावहारिक है। इसे हम प्रायः प्रति दिन व्यवहार में लाते हैं। तनिक इन शब्दों पर विचार कीजिये—

धन्वन्तरि, धन्वा

इनमें से पहले शब्द में व का उच्चारण V है, दूसरे में W। इसी ढंग के शब्द युग्म ये हैं:

कुश्वाहा	नश्वर
खल्वाट	बिल्वमंगल
विह्वल	आह्वान

व के इन दो उच्चारणों को भाषा विज्ञानियों ने भी स्वीकार किया है। देखिये ग्रन्थावली (४) ९३।

सामान्यतः व की W वाली ध्वनि शब्दों के आरंभ में नहीं आती। किन्तु स्थानिक बोलियों में इस प्रकार के उदाहरण भी मिल जायेंगे। कार्तिकी पूर्णिमा पर गढ़मुक्तेसर नगर में गंगा के दोनों ओर मेला लगता है। एक मुरादाबाद वाला पक्ष कहलाता

है, दूसरा दिल्ली वाला। मान लीजिये हम दिल्ली वाले पक्ष में खड़े हैं। तो हम कहेंगे "यह उआर का मेला है, सामने पार का मेला है।"

वास्तव में जो शब्द हम बोलते हैं, वह न 'वार' है, न 'उआर'। उसके पहले अक्षर का उच्चारण 'वा' और 'उआ' के बीच का है। उसे व्यक्त करने का उत्तम ढंग हमें यही दिखाई देता है कि व के नीचे बिन्दी लगा दें। उक्त मेले के विषय में एक कहावत भी प्रसिद्ध हो गई है जिसे हम इस प्रकार लिखेंगे—

व़ार वाले' कहें, पार वाल' अच्छे'।
पार वाल' कहें, व़ार वाल' अच्छे'॥

लिपि संबंधी प्रस्ताव

(१) हमारी राष्ट्रलिपि में 'र' के ये चार रूप प्रचलित हैं। ये चारों रूप इस प्रकार के शब्दों में दृष्टिगोचर होते हैं :

र	्र	‸	˙
राम	क्रम	उष्ट्र	गर्त
मरण	ब्रज	राष्ट्र	कर्म
धरणी	सहस्र	ह्रस्व	पर्व

'र' के इन चार रूपों में से अंतिम तीनों '्र' के ही विकार हैं। अतएव स्पष्ट है कि 'र' के वर्तमान रूप से शेष तीनों रूपों

का कोई सम्बन्ध नहीं है। अब तनिक इन शब्दों की रचना पर विचार कीजिए :

क्रम = क् + ्र + म
ब्रज = ब् + ्र + ज
सहस्र = स + ह + स् + ्र

यदि 'र' के स्थान पर '्र' लिखा जाता तो उपरिलिखित शब्दों के लिखने के ढंग से शिक्षार्थी को तुरन्त पता चल जाता कि इनमें 'र' पूरा है और क्रमशः क, ब, स अधूरे। किन्तु र का रूप '्र' प्रचलित न होने के कारण बच्चे यह समझते हैं कि उपरिलिखित शब्दों की रचना इस प्रकार है।

क्रम = क + ‚ + म
ब्रज = ब + ‚ + ज
सहस्र = स + ह + स + ‚

यो कहना चाहिये कि शिक्षार्थी यह समझता है कि इन शब्दों में र आधा है और क्रमशः, क, ब, स पूरे। इस विचार से उसके मस्तिष्क में अवैज्ञानिकता उत्पन्न होती है। अतएव हमारा प्रस्ताव है कि 'र' के स्थान पर सदैव '्र' लिखा जाय। यह प्रस्ताव स्वीकार हो जाए तो '्र' का आधा इस प्रकार बनेगा ‚ अतएव निम्नलिखित शब्दों (हर्ष, धर्म, आर्य) के ये रूप हो जायेंगे :

हर्ष = ह, ष

धर्म = ध , म

आर्य = आ , य

कैथी और मराठी में र का स्वररहित रूप इसी से मिलता जुलता है।

इस प्रकार 'र' के केवल दो रूप रखे जायेंगे।

ɼ, ,

इस प्रस्ताव को स्वीकार करने से कई लाभ होंगे।

(i) ɼ का आधा हो सकता है, र का आधा नहीं हो सकता।

(ii) मुद्रण में इन तीन मुद्रियों की बचत हो जायगी:—

र ‸ ं

ɼ के सस्वर और स्वररहित दोनों रूप तो आजकल प्रायः सभी प्रेस रखते हैं। भिन्न-भिन्न अक्षरों के र से मिलने पर निम्नलिखित युक्ताक्षर बनते हैं:—

क्र ख्र ग्र घ्र च्र छ्र ज्र

ट्र ठ्र ड्र ढ्र त्र थ्र द्र ध्र न्र

प्र फ्र ब्र भ्र म्र र्र ल्र व्र

श्र ष्र स्र ह्र

अंतिम अक्षर को हम इस प्रकार भी लिख सकेंगे:—

हɼ

र का नया रूप ɼ स्वीकार करने से उपर्युक्त चिह्नों में से केवल उन ३ के रूप में प्रत्यक्ष परिवर्तन होगा जिन्हें हमने रेखांकित किया है। उनके ये रूप हो जायेंगे--

कɼ, पɼ, ɼ

इनमें से दूसरा युक्ताक्षर तो कदाचित ही कहीं काम में आए। अतः व्यावहारिक दृष्टि से तो २९ युक्ताक्षरों में से केवल २ का ही रूप परिवर्तन होगा।

इस प्रस्ताव द्वारा र-युक्त समस्त अक्षरों में एकरूपता आ जायगी और निम्नलिखित ६ अक्षरों को छोड़ कर शेष २३ अक्षरों में वैज्ञानिकता आ जायगी।

छ्र ट्र ठ्र ड्र ढ्र द्र

किंतु इन्हें वैज्ञानिक बनाने का हमारे पास कोई साधन नहीं है जब तक कि इनमें आमूल परिवर्तन न कर दें। परन्तु व्यवहार में इन में से केवल दो ही काम में आते हैं—ट्र और द्र। इनमें से भी ट्र—युक्त शब्द बहुत कम मिलेंगे। अतएव इन ६ युक्ताक्षरों की अवैज्ञानिकता से कोई विशेष हानि नहीं होगी।

(iii) मुद्रलेखन में भी दो मुद्रियों की बचत हो जायगी क्योंकि इन ४ मुद्रियों।

र ˆ ˏ ˎ

के स्थान पर केवल इन दो।

ɼ ˏ

की आवश्यकता होगी।

(२) इ की मात्रा के संबंध में हमारा प्रस्ताव यह है कि खड़ी डंडी बिल्कुल उड़ा दी जाय और उसे दाहिनी ओर लिखा जाय। यदि यह प्रस्ताव स्वीकार हो जाय तो इन शब्दों

मिलन, सलिल, वाल्मीकि

के ये रूप

म॑लन, सल॑ल, वाल्मीक॑

हो जायेंगे।

इ के इस नये चिह्न और रेफ् में कोई भ्रम नहीं हो सकता क्योंकि हम ऊपर लिख चुके हैं कि रेफ़ का तो चिह्न ही बदल कर / हो जाएगा। यदि र सम्बन्धी प्रस्ताव स्वीकार न हो तो हम इ की मात्रा में थोड़ा सा परिवर्तन करके उसे इस प्रकार ॅ लिख सकते हैं। तब उपरिलिखित शब्दों के ये रूप

म॑ लन, सल॑ ल, वाल्मीक॑

हो जायेंगे।

(३) एक बहुत विवादग्रस्त प्रश्न है अ की बारह खड़ी का। इस सिद्धांत के समर्थक कहते हैं कि इस सुधार से मुद्रण में इन ६ चिन्हों की बचत हो जायगी।

इ ई उ ऊ ए ऐ,

क्योंकि इनके यह रूप हो जायेंगे।

अि अी अु अू अे अै।

'अ' में मात्रायें लगाने से ही यह सब चिह्न बन जायेंगे।

उक्त सिद्धान्त के विरोधी कहते हैं कि ध्वनिशास्त्र की दृष्टि से ये चिह्न सर्वथा अवैज्ञानिक हैं। किंतु ये लोग भी इस बात से इन्कार नहीं करते कि कम से कम ए और ऐ को इस प्रकार

अे अै

लिखना अवैज्ञानिक नहीं है। अतएव उक्त दो चिह्नों में तो परिवर्तन हो ही सकता है। कई प्राचीन पुस्तकों में ऐ इसी प्रकार लिखा भी जाता था।

किंतु हम यहाँ ऐसा प्रस्ताव देते हैं कि जिससे मुद्रियों की बचत भी हो जाती है और हमारी वर्णमाला में कोई अवैज्ञानिकता भी नहीं आती।

वर्तमान चिह्न	प्रस्तावितचिन्ह	मात्र
अ	अ	
आ	आ	ा
इ	अि	ि
ई	अी	ी
उ	अु	ु
ऊ	अू	ू
ए	अे	े
ऐ	अै	ै
ओ	ओ	ो

औ	औ	ौ
अँ	अँ	ँ
अं	अं	ं
अः	अः	ः

पाठक देखेंगे कि हमारे प्रस्ताव के अनुसार नौ स्वर तो प्रायः ज्यों के त्यों बने रहते हैं। उ, ऊ में बहुत थोड़ा परिवर्तन होता है। शेष दोनों स्वरों के चिन्ह बदल जाते हैं किन्तु उनमें कोई अवैज्ञानिकता नहीं आने पाती। उदाहरणार्थ ‌ॶ पर विचार कोजिये। यदि हमने इसे इस प्रकार

अि

लिखा होता तो यह रूप अवैज्ञानिक कहलाता। किन्तु हम इ की मात्रा अ पर नहीं लगा रहे हैं, वरन् ॰ पर लगा रहे हैं जो केवल स्वर बोध चिन्ह है और जिसका ध्वन्यात्मक मान कुछ नहीं है।

इसके अतिरिक्त हमारे प्रस्ताव के अनुसार १२ मात्राओं में से केवल एक का रूप बदलेगा।

हम यह मानते हैं कि हमारे ये दोनों प्रस्ताव क्रान्तिकारी हैं और इन्हें तत्क्षण मानने को हिन्दी जगत कदाचित ही तैयार हो। किन्तु संभव है अगली पीढ़ियाँ इनके औचित्य पर विचार करके इनका स्वागत करें।

(१) जहाँ कहीं अर्धाक्षर ण इन वर्णों

ट ठ ड ढ

के पहले आये, सदैव उसका काम बिन्दी से लिया जाय जैसे :

घंटा, कंठ, पंडित, ठंढा, न कि घराटा, कराठ, पण्डित, ठराढा।

अर्धाक्षर ए का प्रयोग केवल इस इस प्रकार के शब्दों में हो।

अक्षुराण, विषराण, अकर्मराय।

—: o —

६.

हमारे प्रस्ताव (ख)

बिन्दी-युक्त अक्षर

नागरी लिपि सम्बन्धी एक विवाद-ग्रस्त प्रश्न यह है कि जो शब्द हिन्दी में फारसी, अरबी से आये उनके नीचे बिन्दी लगाई जाय या नहीं। यदि हम यह कहें कि ऐसे शब्द साधारणतः उर्दू के माध्यम से ही हिन्दी में आते हैं तो इसमें विशेष अत्युक्ति नहीं होगी। अतएव, हम इस समस्या को इस रूप में भी रख सकते हैं कि 'जो शब्द हिन्दी में उर्दू से आये हैं, या भविष्य में आयेंगे, उनके नीचे बिन्दी लगाई जाय या नहीं।" हम ऐसे दो चार बहु प्रयुक्त शब्द यहाँ लेते हैं :

क़लम, ग़लत, बाग़, ज़रा, गज़, तेज़, क़र्ज़, फ़र्ज़।

यह इन शब्दों का शुद्ध रूप है। हिन्दी के कुछ लेखक इन्हें इस रूप में लिखते हैं :

कलम, गलत, बाग, जरा, गज, तेज, कर्ज, फर्ज।

अब प्रश्न यह है कि इन्हें पहले ढंग से लिखा जाय या दूसरे ढंग से ! इस संबंध में कई बातें विचारणीय हैं।

(१) पुरानी परिपाटी के अधिकतर हिन्दी लेखक इस विचार के हैं कि ऐसे शब्दों में बिन्दी नहीं लगानी चाहिए। उर्दू लिपि में तो सारा खेल बिन्दियों पर ही निर्भर है। यदि हम 'ग़लत' जैसे शब्द में ग के नीचे बिन्दी न लगायें तो विशेष हानि नहीं है क्योंकि 'ग़लत' से अलग 'गलत' कोई शब्द नहीं बनता। किंतु यदि हम 'गज़' को बिना बिन्दी लिखें तो वह हिन्दी शब्द 'गज' बन जायगा जिसका अर्थ 'हाथी' है। इसी ढंग की गड़बड़ी 'तेज़' और तेज में होगी।

जब दोनों तत्संबंधी शब्द उर्दू के ही हों तब इस प्रकार की भ्रां.त और भी मुखर हो जाती है। जैसे जलील (तेजस्वी और प्रभावशाली) और ज़लील (घृणित और तुच्छ)। ये दोनों शब्द उर्दू भाषा में विद्यमान हैं और इनके अर्थों में आकाश पाताल का अंतर है।

जब कभी उपरिलिखित दृष्किोण के समर्थकों को यह उदाहरण दिया जाता है, तुरन्त उत्तर मिलता है कि 'प्रसंग से सदैव पता चल जाता है कि लेखक का अभिप्राय जलील से है या ज़लील से।' पहली बात तो यह है कि सदैव प्रसंग से पता भी न ीं चलेगा। मान लीजिये कि हम किसी मित्र से कह रहे हैं कि 'राम प्रसाद जलील है।' इससे क्या तात्पर्य निकलेगा? राम प्रसाद प्रतिष्ठित व्यक्ति हैं या अधम? इस सम्बन्ध में लेखावली ([illegible]) पठनीय हैं जिसमें लेखक ने इस प्रकार के बहुत से शब्द-युग्म दिये हैं।

यदि उर्दू और हिंदी कोषों को सामने रक्खा जाय तो इस प्रकार के सैकड़ों जोड़े और मिल जायेंगे।

(२) ~~यह माना कि ऐसी भ्रान्तियाँ बहुत अधिक नहीं होंगी~~। किन्तु इस समस्या का एक पक्ष और भी है जो अत्यंत महत्वपूर्ण है। किसी भी देश के निवासी उसी प्रकार के उच्चारण कर सकते हैं जिस के अभ्यस्त होते हैं। इन पंक्तियों का लेखक लगभग डेढ़ वर्ष कैलीफोर्निया (अमेरिका) में रहा। वहाँ के निवासी रोमन लिपि के 'आर' का उच्चारण न 'र' जैसा करते हैं, न 'ड़' जैसा, वरन् दोनों के बीच का सा। प्रयत्न करने पर भी वह लोग शुद्ध 'र' का उच्चारण नहीं कर पाते। कारण यह है कि पीढ़ियों से उन्होंने कभी ऐसा उच्चारण किया ही नहीं।

सन १९६७ की बात है।

कैलीफोर्निया के जिस कालिज में मैं नियुक्त था, उसमें भाषा-विज्ञान के एक अध्यापक थे जो भिन्न-भिन्न देशों के जानवरों की बोलियों का संग्रह किया करते थे। एक दिन अपना टेप अभिलेखक (टेप रेकार्डर) लेकर मेरे पास भी पहुँच गये। मैंने उन्हें भिन्न-भिन्न पक्षियों की बोलियाँ सुनाईं। वह शांति से उनका अभिलेखन करते रहे। जब मैंने कबूतर की बोली की नक़ल 'गुटर गू' की तो तुरन्त बोले, 'सुन्दर! मैंने आज तक ऐसा 'र' सुना ही नहीं था। एक बार फिर कहो।'

जब मैं उन्हें कबूतर की बोली दुबारा सुना चुका तो बोले, 'क्या तुम्हारी भाषा में ऐसे शब्द भी हैं जिनमें दो र एक

साथ आते हों। यदि हों तो ऐसे शब्दों का उच्चारण सुनाओ।' मैंने उन्हें सुनाया—

चर्र मर्र, टर्र टर्र, छर्रा, गुर्रा, कर्रा।

उन्होंने आश्चर्य से मुँह बा दिया मानों कोई अचम्भा देख रहे हों। चलते चलते उनके मुँह पर वाह, वाह थी। कारण यही कि वह 'र' और 'र्र' बोल ही नहीं सकते थे। इसी प्रकार वह लोग 'त' और 'ण' का उच्चारण नहीं कर सकते।

अब मान लीजिये कि हम ख़त और ग़रीब को बिना बिन्दी लगाये लिखते हैं। तो हमारी भावी पीढ़ियाँ इन वर्णों के उच्चारण की क़भी अभ्यस्त नहीं होंगी। एक समय ऐसा आयेगा जब हमारे देश के निवासियों के लिये इस प्रकार के उच्चारण असम्भव से हो जायेंगे।

अब प्रश्न यह है कि हम अपनी भाषा की उच्चारण शक्ति बढ़ाना चाहते हैं या घटाना? आजकल की दुनिया में वही भाषा शक्तिशाली समझी जाती है जिसकी उच्चारण-शक्ति खूब बढ़ी-चढ़ी हो। बचपन में हमारे बुजुर्ग हमें उर्दू के मद्रसों में ही भेजना पसंद करते थे। जब उनसे कोई पूछता था कि 'बच्चों को हिन्दी की पाठशाला में क्यों नहीं भेजते?' तो वे उत्तर देते थे कि 'हिन्दी पढ़ने से शीन, क़ाफ़ दुरुस्त नहीं होते।' बात भी सही है। यदि बच्चे 'क़लम' को 'कलम' और 'ग़रीब' को गरीब कहेंगे तो उनके शीन, क़ाफ़ कभी दुरुस्त नहीं होंगे। हम चाहते हैं कि हमारे बच्चे हिन्दी पढ़ें किन्तु उनके 'शीन क़ाफ दुरुस्त रहें।'

यदि हम 'ग़रीब' को सदैव 'गरीब' लिखेंगे तो दो में से एक बात अवश्य होगी। या तो हमारे देश के भावी बच्चे ग़ का उच्चारण सदैव के लिए भूल जायेंगे या फिर हमारे 'ग' के दो उच्चारण हो जायेंगे : एक ग, दूसरा ग़। इस प्रकार हमारी लिपि में एक नया दोष और उत्पन्न हो जायगा। दोनों में से कोई भी स्थिति वांछनीय नहीं है।

(३) आचार्य रामचन्द्र वर्मा की 'अच्छी हिन्दी' का तेरहवां संस्करण मेरे सम्मुख है। पृ० २६६ पर आप लिखते हैं कि

"कुछ लोग कहते हैं कि हमें विदेशी भाषाओं के शब्दों के शुद्ध रूप देने चाहिएँ, और इसीलिए गजब, गल्ती आदि न लिखकर ग़ज़ब, ग़ल्ती लिखना चाहिए। अर्थात् ऐसे शब्दों में विशिष्ट अक्षरों के नीचे बिन्दी अवश्य लगानी चाहिए। परन्तु यदि इसी तर्क के आधार पर हम कुछ और आगे बढ़ें तो हमें 'कमीना' और 'पशमीना' न लिखकर 'कमीनऽ' और 'पश्मीनऽ' भी लिखना पड़ेगा।"

आचार्य महोदय को यह बताने की आवश्यकता नहीं है कि जब कोई शब्द एक भाषा से दूसरी भाषा में जाते हैं तब या तो उनका रूप अक्षुण्ण बना रहता है या उनमें कुछ विकार हो जाता है। पहले वर्ग के शब्दों में हम अंग्रेजी के

रेल, स्टेशन, राशन

और फ़ारसी के

बादाम, किशमिश, सेब

ले सकते हैं। ऐसे शब्दों को 'तत्सम' कहते हैं।

दूसरे वर्ग के शब्दों के लिए हम अंग्रेज़ी के शब्दों

टिकट (Ticket), फ़र्मा (Form अथवा Frame), प्रेस (Press)

और फारसी / अरबी के शब्दों

कार्रवाई (काररवाई), मातदिल (मोतदिल), ग़ल्ती (ग़लती)

के उदाहरण दे सकते हैं। ऐसे शब्दों को 'तद्भव' कहते हैं।

जो शब्द तद्भव रूप में आते हैं, उनका प्रचलित रूप ही शिष्ट-सम्मत माना जाता है।

आचार्य महोदय से हमारा नम्र निवेदन है कि फ़ारसी का 'कमीनऽ' हिन्दी में 'कमीना' बन कर आया है। अतः उसे 'कमीना' ही लिखना होगा। कदाचित आचार्य महोदय हिन्दी के एक भी लेखक का नाम नहीं ले सकेंगे जो हिन्दी में 'कमीना' के बदले 'कमीनऽ' लिखता हो। इसके विपरीत, यदि फ़ारसी के 'गरीब' के लिखने वाले हिन्दी लेखक असंख्य हैं तो उक्त शब्द का शुद्ध 'रूप' 'ग़रीब' लिखने वाले हिन्दी लेखक भी अनगिनत हैं। इससे यह निष्कर्ष निकलता हैं कि 'ग़रीब' की बिन्दी ग़रीब के साथ आना चाहती है किन्तु आचार्य महोदय उसे ज़बरदस्ती धता बता रहे हैं। कैसी विडम्बना है!

(४) बिन्दी हिन्दी वालों के लिए कोई नई वस्तु नहीं है। ड और ढ के नीचे बिन्दी लगाकर हम ड़ और ढ़ बनाते हैं। तब फिर क, ख, ग, ज, फ के नीचे बिन्दी लगाने में इतना संकोच क्यों है ? हम मानते हैं कि छपाई में बिन्दियाँ टूट जाती हैं। किन्तु इस दिशा में भी सुधार हो रहा है। धीरे-धीरे मुद्रण सम्बन्धी कठिनाइयाँ दूर हो रही हैं। किन्तु उर्दू के ऐसे शब्दों के कारण हमारे प्रेसों में कोई नई कठिनाई तो उपस्थित हो नहीं रही है। कठिनाई तो ड़ और ढ़ के कारण सदैव से विद्यमान है, केवल उसका परिमाण थोड़ा बढ़ जायगा। जो समाधान हम ड़ और ढ़ की बिन्दियों की समस्या का निकालेंगे, वही उपरिलिखित अन्य अक्षरों की बिंदियों की समस्या के लिए निकल आयेगा।

(५) उत्तर प्रदेशीय सरकार के तत्वावधान में सन् १९५३ में लखनऊ में नागरी लिपि सुधार सम्मेलन हुआ था जिसमें अन्य सुधारों के साथ निम्नलिखित सुधार स्वीकृत किये गये थे :

(क) इन अक्षरों

अ, झ, ण, ध, भ

के मराठी रूप,

अ, झ, ण, ध, भ

स्वीकृत हुए।

(ख) अंक ९ का मराठी रूप ९ स्वीकृत हुआ।

(ग) नागरी लिपि में एक नया वर्ण ळ लिया गया। यह मराठी अक्षर है जिसका उच्चारण ल और ड़ के बीच का है।

ऐसा क्यों किया गया ? इसलिये कि हिन्दी अन्य भारतीय भाषाओं के समीप आना चाहती है। अब ज़रा सोचने की बात य है कि उर्दू भी उसी प्रकार शुद्ध स्वदेशी भाषा है जिस प्रकार बंगाली और मराठी। यदि हिन्दी एक अन्य भारतीय भाषा से आत्मीयता स्थापित करने के लिए अपने ५ अक्षरों और एक अंक के रूप बदल सकती है और एक बिल्कुल नये अक्षर को आत्मसात कर सकती है तो उर्दू के कारण एक छोटी सी बिन्दी को क्यों नहीं पचा सकती—वह बिन्दी जो इस समय भी उसका एक आवश्यक अंग है ?

कुछ फुटकर बातें

यहाँ प्रसंग वश यह कह देना आवश्यक है कि फ के नीचे जो बिन्दी लगाकर हम F की ध्वनि का निरूपण करते हैं, बिल्कुल अवैज्ञानिक है। मुख के जिस स्थान से व का उच्चारण होता है उसी स्थान से F का होता है। अतः उक्त ध्वनि को व्यक्त करने के लिए व के नीचे बिन्दी लगानी चाहिए। इस प्रकार इन शब्दों—

फ़ेल, फ़ारसी, रेफ़

के शुद्ध रूप होंगे

व़ेल, व़ारसी, रेव़।

इसी प्रकार Z की ध्वनि के उच्चारण के लिये ज के बदले स के नीचे बिंदी लगानी चाहिये। अतएव

ज़ोर, आवाज़, गज़ट

के लिखने का शुद्ध रूप होगा—

सोर, आवास, गसट।

किन्तु उक्त ध्वनियों के निरूपण के उपरिलिखित ढंग फ़, ज़ इतने प्रचलित हो गये हैं कि अब उन्हें बदला नहीं जा सकता।

एक बात और। उर्दू का एक अक्षर होता है ژ। यह ध्वनि इन शब्दों में दृष्टिगोचर होती है।

مژگاں اژدہا Pleasure, Measure

इस ध्वनि के उच्चारण के लिए नागरी लिपि में कोई चिह्न नहीं है। कुछ लोग झ के नीचे बिन्दो लगाकर उसे व्यक्त करते हैं। वास्तव में उपरिलिखित सिद्धान्त के अनुसार इसे ष के नीचे बिंदी लगाकर व्यक्त करना चाहिए, क्योंकि उक्त ध्वनि मूर्धन्य है। इसा प्रकार, यदि इसी ढंग की कोई ध्वनि तालू से निकलती हो तो उसे श के नीचे बिन्दी लगाकर निरूपित करना चाहिए।

हमारी प्रस्तावित लिपि

स्वर अ आ अि अी अु अू अे अै ओ औ अँ अं अः

मात्रायें ा ि ी ु ू े ै ो ौ ँ ं ः

व्यंजन

सस्वर क ख ग घ च छ ज झ

स्वर रहित क् ख् ग् घ् च् ज् झ्

सस्वर ट ठ ड ढ ण त थ द ध न

स्वररहित ण् त् थ् ध् न्

सस्वर प फ ब भ म य र ल व ष स ह

स्वरहीन प् फ् ब् भ् म् य् ्र ल् व् ष् स् ह्

अतिरिक्त व्यंजन

क़ ख़ ग़ ज़ ड़ ळ ढ़ फ़ व़

पाठक देखेंगे कि इन प्रस्तावों द्वारा नागरी वर्णमाला के सारे दोष मिट जायेंगे। लिपि सम्बन्धी दोष (१), (२), (४), (५) (८) का अस्तित्व नहीं रहेगा। शेष दोष ज्यों के त्यों बने रहेंगे। यदि इन दोषों को मिटाने का प्रयत्न किया जायगा तो हमारी लिपि का रूप इतना बदल जायगा कि उसे 'नई लिपि' की संज्ञा देनी पड़ेगी।

मुद्रण

हम अध्याय (५) में दिखा चुके हैं कि नागरी लिपि के मुद्रण के लिये १७५ मुद्रियाँ पर्याप्त हैं। अब हम यह सिद्ध करना चाहते हैं कि यदि हमारे प्रस्तावित सुधार स्वीकार कर लिये जायं तो १५६ मुद्रियाँ ही पर्याप्त होंगी। हम यहाँ अपेक्षित मुद्रियों की तालिका देते हैं।

पूरे अक्षर ३१

अ क ख ग घ च छ ज झ

ट ठ ड ढ ण त थ द ध न

प फ ब भ म य र ल व ष स ह

आधे अक्षर २४

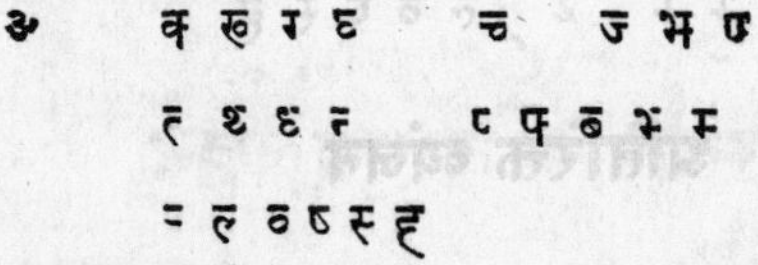

विशेष अक्षर

च

शेष चिह्नों की संख्या में कोई अंतर नहीं पड़ेगा। अतः मुद्रियों की अपेक्षित संख्या इस प्रकार होगी।

१—सादे अक्षर	३१
२—आधे अक्षर	२४
३-विशेष ”	१
४—युक्ताक्षर	१४
५—र-युक्त अक्षर	६
६—आगे की मात्रायें	२१
७—ऊपर नीचे की मात्रायें (यह भी अब आगे हट कर लगेंगी)	२६
८—संख्यांक	१०
९—विशेष चिह्न	२४
	१५९

—:०:—

१०

हमारे प्रस्ताव और मुद्रलेखन

हमने हिंदी मुद्रलिख के मानक कुंजीपटल के विषय में अपने विचार अध्याय (७) में व्यक्त किये हैं। केंद्रीय सरकार ने इस विषय में जो समिति बनाई थी, उसने अपना प्रतिवेदन दे दिया। उसके अनुसार सरकार ने कुंजीपटल का रूप स्थिर कर दिया। उसी के आधार पर अब हिन्दी टाइपराइटर बनने भी लगे हैं। सरकार के मुद्रलिख संबंधी मुख्य मुख्य निश्चय इस प्रकार हैं—

(१) 'स्वचालित कुंजी' वाला प्रस्ताव स्वीकार न किया जाय :

(२) (क) पूर्ण विराम (फुल स्टाप) और उपविराम (कोलन) को छोड़कर अंग्रेजी के शेष सारे विराम चिह्न ग्रहण कर लिए जायः—

- — , ; ! ? (६)

(ख) पूर्ण विराम के लिये खड़ी पाई (।) का प्रयोग किया जाय।

(ग) जहाँ तक संभव हो कुंजीपटल में निम्नलिखित चिह्नों का समावेश किया जाय।

ˑ / ˎ ˚ ˰ ॰ /° " " ( ) + × ÷ * = + (१६)

हम यहाँ सरकारी कुंजीपटल का चित्र देते हैं।

•	^	1	2	8	4	5	6	7	8	9	0
•	॰	?	/	:	,	—	‘	(	)	त्र	ॠ
ॅ	॰	म्	त्	ज्	ल्	न्	प्	व्	च्	ह्	×
ँ	ॽ	म	त	ज	ल	न	प	व	च	रु	=
‚	’	क्	ऋ	ळ	ः	श्र	ज्ञ	स्	य्	ष्	*
÷	‘	क	ि	ह	ी	र	ा	स	य	श	%
ं	ग्	ब्	ट	ठ	छ	ड	ढ	झ	ङ		
ग्	ग	ब	अ	इ	द	उ	ए	ण्	ड़		

उक्त कुंजीपटल में इन चिह्नों का समावेश है :

(i) निम्नलिखित स्वर।

अ इ उ ऋ ए (५)

(ii) निम्नलिखित व्यंजनों के सस्वर और स्वररहित दोनों रूप :

क ग च ज त न प ब म य ल व स (१३+१३)

(iii) निम्नलिखित व्यंजनों के केवल सस्वर रूप :

छ झ ट ठ ड ढ द र ह त्र ज्ञ श्र ल (१३)

(iv) निम्नलिखित व्यंजनों के केवल स्वररहित रूप।

ख् घ् ण् क्ष् ध् भ् श् थ् ष् (९)

(v) निम्नलिखित मात्रायें :

ि ी ु ू े ै ं - . रु ँ ^ ़ ा ॅ / ् (१७)

(vi) निम्नलिखित संख्यांक :

1 2 3 4 5 6 7 8 9 0 (१०)

(vii) कुछ विशेष चिह्न :

? / : * , ' ( ) × = °/॰ — (१२)

———

९२

कुंजीपटल के गुण-दोष

(क) पूर्ण विराम (खड़ी पाई) को कोई पृथक् कुंजी नहीं दी गई है, किन्तु संख्यांक 1 से उसका काम भलीभाँति चल सकता है।

ख) कोलन को कोई स्वतंत्र कुंजी नहीं दी गई है किन्तु बिसर्ग चिह्न से उसका काम चल सकता है।

(ग) कुंजी ४६ (उच्च स्तर) की बिन्दी से ड का ङ बन सकता है। इसी से दशमलव बिंदु का काम ले सकते हैं और इसी के द्वारा, (कॉमा) का ; (अर्ध विराम = सेमी कोलन) बनाया जा सकता है। इसी कारण ; के लिये कोई स्वतंत्र कुंजी निर्धारित नहीं की गई है।

(घ) कुंजी ४६ (निम्न स्तर) की बिन्दी से ड और ढ का ड़ और ढ़ बनाया जा सकता है। इसी बिंदी के द्वारा फारसी की ये ध्वनियाँ व्यक्त की जायंगी :

क़ ख़ ग़ ज़ फ़

(ङ) उद्धरण चिह्नों " " के लिए कोई कुंजी नहीं दी गई है। किन्तु अब यह अन्तर्राष्ट्रीय प्रथा बन गई है कि उद्धरण के लिए इकहरे चिह्न से काम लिया जाय और यही चिह्न उद्धरण के आरंभ और अन्त दोनों स्थानों पर काम देता है। उक्त चिह्न कुंजी ३४ (निम्न स्तर) में दिया हुआ है।

(च) अधोरेखन चिह्न – नहीं दिया गया है। कुंजी ३६ (निम्न स्तर) में ऋण चिह्न दिया गया है। रोलर को पीछे हटाकर और नीचे बढ़ाकर इस चिह्न की सहायता से हम किसी प्रकार अधोरेखन कर सकते हैं। किंतु यह कोई संतोषजनक ढंग नहीं है।

(छ) विस्मय चिह्न ! नहीं दिया गया है। हम संख्यांक 1 बनाकर, रोलर को पीछे हटा कर नीचे की बिन्दी टाइप कर सकते हैं किन्तु बिन्दी संख्यांक चिह्न के ठीक नीचे नहीं पड़ती। अतः विस्मय चिह्न बन ही नहीं पाता।

इस प्रकार हम देखते हैं कि सरकारी कुंजी पटल में निम्नलिखित चिह्नों का समावेश नहीं हो पाया है।

— ! + ÷ † (अ)

एक बात और। अंग्रेजी मुद्रलिख में दर्जनों प्रकार के विशेषित कुंजीपटल होते हैं, जैसे गणितीय कुंजी पटल, भौतिकीय कुंजीपटल, इंजीनियरी कुंजीपटल, भाषा वैज्ञानिक कुंजी पटल......

इन समस्त कुंजीपटलों में सामान्य वर्णमाला के चिह्न तो एक से रहते हैं, केवल विशेष चिह्न बदल जाते हैं। सरकारी कुंजीपटल की विवरणिका में इस बात का कहीं उल्लेख नहीं है कि हिंदी में इस प्रकार के विशेषित मुद्रलिख कभी बन भी सकेंगे या नहीं। अब हम यह दिखाने का प्रयत्न करेंगे कि यदि हमारे प्रस्तावित सुधार स्वीकार कर लिये जायं तो बिना सरकार के मुद्रलिख संबंधी सिद्धांतों का त्याग किये हम सब प्रकार के विशेषित कुंजीपटल बना सकेंगे।

(१) हमारे प्रस्तावों के अध्ययन से स्पष्ट हो जायगा कि इन दो चिह्नों

ि र

का रूप बदल कर

हो जायगा। इसके अतिरिक्त इन ग्यारह चिह्नों की आवश्यकता नहीं रहेगी—

इ उ ऋ ए क्ष ज्ञ त्र श (अथवा ष) ॅ ॅ (आ)

(२) सरकारी समिति ने दो प्रकार के कुंजीपटल दिये हैं: एक हिंदी का, दूसरा हिंदी-मराठी का। इन दोनों में इस चिह्न ळ का समावेश किया गया है। यह व्यंजन केवल मराठी में काम आता है, अतः हिंदी मुद्रलिख में इसकी आवश्यकता नहीं।

(३) जैसा हम अध्याय (७) में लिख चुके हैं, य के स्वर-रहित रूप के लिये हिंदी मुद्रलिख में किसी कुंजी की आवश्यकता नहीं है। यह चिह्न उन टाइपराइटरों में रक्खा जाय जो विशेष कर संस्कृत के लिये बनाये जायं।

(४) झ के लिये किसी कुंजी की आवश्यकता नहीं है। हम यह नहीं कहते कि झ के इस रूप (झ) का बहिष्कार किया जाय। सामान्य लेखन और मुद्रण में यह बराबर प्रयुक्त हो सकता है, किंतु मुद्रलेखन में इसके बदले पुराना रूप झ चलता रहे। यह रूप इस प्रकार बनाया जा सकता है।

झ = भ+ा+ फ (कुंजियाँ ६, २, ७)

इसमें संदेह नहीं कि इस चिह्न को बनाने में तीन कुंजियों का प्रयोग करना होगा। किंतु इसकी वारंवारता केवल .२५ है। अतः गति पर इसका कोई विशेष प्रभाव नहीं पड़ेगा।

(५) श्र के लिये पृथक कुंजी देना अनावश्यक है। हमारे प्रस्ताव के अनुसार श, ष में से केवल एक ही रह जायगा। अतः इसे इस प्रकार

श्री अथवा ष्री

लिखा जा सकता है।

अतएव हम देखते हैं कि हम इन चार चिह्नों के बिना काम चला सकते हैं।

ळ ꣹ झ त्र (इ)

इस प्रकार (आ) और (इ) मिला कर हमारे पास १५ कुंजियां खाली बच रहीं। इनमें से पाँच पर तो हम निम्नलिखित चिह्न बिठायेंगे

(i) ॐ स्वर बोध चिह्न

(ii) य का विकृत रूप च। इस चिह्न की सहायता से हम इस प्रकार के शब्दों का मुद्रलेखन कर सकेंगे।

काट्य, कण्ठ्य, जाड्य, धनाढ्य, विद्या

(iii) ह का स्वररहित रूप ह्। इसकी सहायता से हम इस प्रकार के शब्द बना सकेंगे—

अपराह्ण, चिह्न, ब्रह्म, ग्राह्य, ह्रास, प्रह्लाद, विह्वल

(iv) अधोरेखा —

(v) धन चिह्न +

अब हमारे पास दस कुंजियाँ शेष रह गईं। इन पर हम भिन्न-भिन्न विषयों के विशिष्ट चिह्न बैठा कर विशेषित कुंजी-पटल बना सकते हैं। उदाहरणार्थ हम सामान्य भाषा कुंजीपटल के लिए ये दस चिह्न निर्धारित कर सकते हैं—

ो ौ ़ ॽ ˘ † ‡ § ! ÷ ✓

हम उक्त कुंजीपटल का चित्र यहाँ देते हैं——

‘	†	|	2	3	4	5	6	7	8	9	0
•	‡	?	/	:	,	—	’	(	)	—	+
ॄ	ॅ	म्	त्	ज्	ल्	न्	प्	ब्	च्	÷	×
ृ	ः	म	त	ज	ल	न	प	व	च	ह्व	÷
,	़	क्	श्	ह्	ँ	ञ्	ॅ	स्	य्	ठ	*
ं	ॅ	क	ि	ह	ी	र्‍	ा	स	य	√	%
ो	ग्	ब्	ट	ठ	छ	ड	ढ	§	ह		
ौ	ग	ब	अ	ऽ	द	क्ष	!	ध	ह		

१०

पाठक देखेंगे कि जितने प्रकार के शब्द सरकारी कुंजीपटल से बन सकते हैं, सभी हमारे कुंजीपटल से भी बन सकते हैं। किन्तु हमारे कुंजीपटल में कई विशेषतायें हैं जो सरकारी कुंजीपटल में नहीं हैं।

(१) निम्नलिखित प्रकार के युक्ताक्षर बन सकते हैं।

ट्य, ठ्य, ड्य, ढ्य,

ह्ल, ह्न, ह्म, ह्य ह्र, ह्ल, ह्व

(२) ो, ौ, के लिए पृथक कुंजियाँ हैं। सरकारी कुंजीपटल में ये मात्रायें दो दो कुंजियों को दबाने से बनती हैं।

(३) निम्नलिखित अंकगणितीय चिह्न हैं।

+ ÷ √

(४) निम्नलिखित अतिरिक्त मात्रायें हैं।

ऽ (लुप्त अकार), ॅ

पिछला चिह्न ॅ से भिन्न है। उक्त चिह्न वह है जो hat और god के स्वरों के लिये लखनऊ सम्मेलनों द्वारा स्वीकार किया गया है।

(५) निम्नलिखित विशेष चिह्न हैं

— † ‡ § !

(६) प्रायः समस्त विषयों के विशेषित कुंजीपटल बन सकते हैं।

(७) सुवाह्य (Portable) मुद्रलिख बन सकते हैं। हमारे पास दस अतिरिक्त कुंजियाँ हैं। इनमें से कोई सी चार छोड़ दें तो ४४ कुंजियों का सुवाह्य मुद्रलिख बन सकता है।

अंत में हम अंकग.णतीय मुद्रलिख की दस अतिरिक्त कुंजियां देकर यह अध्याय समाप्त करते हैं।

÷ √ 7 ∠ { }   घात २ घात ३ घात ४ घात ५

हमारा यह आग्रह नहीं है कि जो दस कुंजियाँ बच रही हैं, उन पर वही चिह्न बिठाये जायं जो हमने दिये हैं। इन दस कुंजियों के विषय में वरण की बहुत गुंजाइश रहेगी। उदाहरणार्थ यह चिह्न ˘ आवश्यक है या नहीं, यह इस बात पर निर्भर है कि हिन्दी जगत लखनऊ सम्मेलनों के सारे प्रस्ताव स्वीकार करता है या नहीं। इसी प्रकार उक्त दस चिह्नों के चयन में बहुत कुछ हेर फेर हो सकता है। सरकारी कुंजीपटल के ९२ चिन्हों में से ७७ में हमने कोई भी परिवर्तन नहीं किया है। न उनमें से किसी को घटाया बढ़ाया, न किसी का स्थान परिवर्तन ही ही किया है।

—:०:—

११

नागरी लिपि में नये चिन्ह

संसार में सैकड़ों भाषाएं और हजारों उपभाषायें हैं। इस कारण पर्यटकों को एक दूसरे के देशों में जाने में पर्याप्त कठिनाइयां पड़ती हैं। यदि सारे संसार की एक भाषा और एक लिपि हो जाए तो भिन्न-भिन्न देशों के व्यापारियों, राजनीतिज्ञों और वैज्ञानिकों आदि को विचार विनिमय में बड़ी सुविधा हो जाए। इस शताब्दी के प्रारंभिक वर्षों में एक सार्वत्रिक भाषा एस्पराण्टो का प्रचलन करने का प्रयत्न किया गया। किंतु प्रथम विश्व युद्ध के कारण उक्त प्रयास खटाई में पड़ गया। इसके अतिरिक्त लोगों की समझ में यह बात भी आ गई कि यदि किसी दिन संसार में कोई सार्वत्रिक भाषा बनेगी भी तो वह कोई कृत्रिम भाषा नहीं होगी, वरन् कोई जीती जागती भाषा होगी।

संसार में इस समय दो अंतर्राष्ट्रीय भाषाएं मानी जाती हैं: अंग्रेजी और फ्रांसीसी। आज से कई दशक पूर्व यूरोप के विभिन्न देशों में फ्रांसीसी का प्रचलन बहुत था। किंतु अब सारे संसार में अंग्रेजी का प्रयोग बढ़ता जा रहा है। इसमें संदेह नहीं कि अंग्रेजी एक बहुत ही अभिव्यंजक और शक्तिशाली भाषा है और इसकी लिपि मुद्रण और मुद्रलेखन के लिए बहुत सुविधा-

जनक है। किंतु इसकी वर्णमाला, अक्षरी और उच्चारण-पद्धति बहुत दूषित हैं। जहाँ तक अक्षरी का प्रश्न है, अमेरिका में कई दशकों से प्रयत्न हो रहा है कि उसको सरल बनाया जाए। हम यहाँ दो तीन उदाहरण देते हैं।

पुरानी अक्षरी	नई अक्षरी
Colour	Color
Through	Thru
Though	Tho

किसी दिन अंतर्राष्ट्रीय स्तर पर इस बात का प्रयत्न अवश्य होगा कि सारे संसार की एक भाषा और एक लिपि बना दी जाए। और सब राष्ट्र यही पसंद करेंगे कि उक्त भाषा और लिपि जितनी सरल हो उतना ही अच्छा। जब तक ऐसा नहीं होता तब तक तो यह आवश्यक है कि एक भूभाग के निवासी दूसरों की भाषायें सीखें।

जब किसी भाषा के भाषियों को कोई दूसरी भाषा सिखानी होती है तब उसका ठीक-ठीक उच्चारण बताने के लिये अनेक नये चिन्ह बनाने पड़ते हैं। रोमन लिपि में नागरी लिपि की इन ध्वनियों के लिए कोई चिन्ह नहीं है :

ङ, ण, ऋ

फलतः अंग्रेजों को हिन्दी सिखाते समय रोमन लिपि में कुछ नये चिन्ह बनाने आवश्यक हो जाते है, जैसे :

कंघा	Kaṅgha
दर्पण	Darpaṇ
ऋषि	Ṛishi

ऐसे चिन्ह अंग्रेजी की केवल उन पुस्तकों में दिये जाते हैं जो अंग्रेजी भाषियों को हिंदी सिखाने के उद्देश्य से लिखी जाती हैं। उक्त चिन्हों का रोमन वर्णमाला में समावेश नहीं किया जाता। इसी प्रकार जब हम हिन्दी भाषियों को अंग्रेजी का बोध कराते हैं तब कुछ नये चिन्हों की आवश्यकता होती है। ऐसे नये चिन्ह अधिकतर उन पुस्तकों में दिये जायेंगे जो हिंदी भाषियों को अंग्रेजी सिखाने के उद्देश्य से लिखी जायं। अतएव हमारा यह प्रस्ताव नहीं है कि जो चिन्ह हम यहाँ दे रहे हैं, उन सबका नागरी वर्णमाला और लिपि में समावेश कर लिया जाय। प्रत्येक चिन्ह पर निष्पक्ष भाव से विचार किया जाय। यदि कोई चिन्ह तत्काल ही आवश्यक हो तो उसे अपना लिया जाय। अन्यथा समस्त चिन्ह उन पुस्तकों के लिये रहने दिये जायँ जो हिन्दी भाषियों को अंग्रेज़ी सिखाने के लिये लिखी जायं :

नागरी वर्णमाला में कुछ स्वर दो प्रकार के हैं : ह्रस्व और दीर्घ। किंतु कुछ स्वर ऐसे स्वरों के बीच में पड़ते हैं जिन्हें हम मध्यम स्वर कह सकते हैं और जो हमारी वर्णमाला में नहीं हैं। इसके अतिरिक्त कुछ स्वर ऐसे हैं जिनके दीर्घ रूप विद्यमान हैं

किंतु ह्रस्व रूपों का अभाव है। हम यहाँ इन कमियों को तालिका रूप में देते हैं :

विद्यमान		अभाव
ह्रस्व	दीर्घ	
अ	आ	मध्यम
	ए	ह्रस्व
	ऐ	ह्रस्व
	ओ	ह्रस्व
	औ	ह्रस्व

(१) स्पष्ट है कि अंग्रेजी के शब्दों

Father, Alm, Calf

में वही स्वर है जो नागरी लिपि में आ से व्यक्त होता है। किंतु अंग्रेजी के इन शब्दों

Sofa, Idea, Formula

में वही स्वर कुछ ह्रस्व रूप में दृष्टिगोचर होता है। यह ध्वनि नागरी के अ और आ के बीच की है। हिन्दी में तो इस ध्वनि के उदाहरण मिलना कठिन हैं किन्तु उर्दू के इन शब्दों

नफा, नाग़ा, तोहफा

में वहीं ध्वनि व्यक्त होती है। अतः इसके लिए विशेष चिन्ह निर्धारित करना होगा। हमारा प्रस्ताव यह है :

नफ़ऽ, सोफ़ऽ, आइडियऽ, नाग़ऽ, तोहफ़ऽ

यह चिन्ह हमारे लिए कोई नया नहीं है। इसे लुप्त अकार कहते है और यह संस्कृत की पुस्तकों में बराबर प्रयुक्त होता है।

(२) नागरी लिपि में ए के ह्रस्व रूप के लिए कोई चिन्ह नहीं है। ए का जो रूप नागरी लिपि में विद्यमान हैं, इन शब्दों में दृष्टिगोचर होता है :

पेट, खेल, ठेस

Gate Pale Race

इस स्वर का ह्रस्व रूप अंग्रेजी के इन शब्दों में दिखाई पड़ता है।

Goethe, Resume, Precis

ऐसा नहीं है कि हिंदी में इस ध्वनि का सर्वथा अभाव हो। तनिक निम्नलिखित पंक्तियों में अक्षरों की ध्वनियों पर विचार कीजिए :

तेरैं लाल मेरो माखन खायो।

फुल गेंदवा न मारो मइका, लगत करेजवा में चोट॥

अधोरेखित अक्षरों में हम काम तो ए की मात्रा से ही लेते हैं किंतु वास्तव में उक्त स्वर ए की अपेक्षा ह्रस्व है। हमारा प्रस्ताव हैं कि नागरी लिपि की जो मात्रा किसी दीर्घ ध्वनि को सूचित करती हो उसी का उलटा रूप उसके ह्रस्व रूप को निरूपित करे।

यदि यह प्रस्ताव मान लिया जाय तो उपरिलिखित पंक्तियां इस प्रकार लिखी जायंगी :

तैरैं लाल मैरो माखन खायो ।

फुल गैंदवा न मारो मइका लगत करैजवा में चोट ॥

(३) हम किसी पिछले अध्याय में लिख आये हैं कि अंग्रेजी के शब्द ~~जो अंग्रेजी के इन शब्दों में समाविष्ट है~~ :

Man Sand And

नागरी लिपि में इस प्रकार लिखे जायँगे :

मैन सैंड ऐंड

अब हम इसी स्वर के ह्रस्व रूप पर विचार करते है, यह स्वर भी हमारे लिये बिल्कुल नया तो नहीं है। दक्षिण में इस प्रकार के नाम

Reddy Venkatesh

बहुप्रचलित हैं।

इनमें अधोरेखित e का वही उच्चारण है जो उपरिलिखित अंग्रेजी शब्दों के स्वर का । इसके अतिरिक्त इन शब्दों के पहले अक्षरों में भी वही स्वर बोलता है :

रहना, कहना, सहना, गहना, नहरू ।

इन शब्दों के पहले दोनों अक्षरों में भी वही स्वर हैं :

बहन, पहनना ।

इस स्वर के लिए तो एक विशेष चिह्न नियत करने का एक और भी प्रबल कारण है। साधारणतः जब किसी भाषा में किसी अन्य भाषा के शब्द आ मिलते हैं, तब अपने मौलिक रूप में नहीं रहते, वरन् उनमें कुछ विकार हो जाता है। अंग्रेजी का Lantern हिंदी में 'लाल्टेन' बन कर आया है। अंग्रेजी के Bottle को हमने 'बोतल' के रूप में और Engine को 'इंजन' के रूप में अपनाया है। इसी प्रकार हिंदी के बहुत से शब्द विकृत होकर अंग्रेजी में पहुँचे हैं। 'महावत' को अंग्रेजी में Mahavat नहीं लिखा जाता, Mahout लिखा जाता है। इसी प्रकार 'जंगल' को अंग्रेजी-विद् Jangal नहीं कहते, Jungle कहते हैं! वे लोग तो उच्चारण की कठिनाई के कारण नामों तक को बदल डालते हैं। इसी कारण उन्होंने गंगाजी का नाम बदल कर Ganges कर दिया था।

किंतु अब हम एक दूसरे प्रकार के उदाहरण देते हैं। कभी-कभी एक भाषा के शब्द दूसरी भाषा में ज्यों के त्यों भी अपना लिए जाते हैं। अंग्रेजी शब्द Cheque को हम लिखते हैं इस रूप में : चेक, किन्तु पढ़ते हैं उसी रूप में जिस रूप में अंग्रेजी शब्द को पढ़ते हैं। वास्तव में हिन्दी के शब्द 'चेक' का उच्चारण वह होना चाहिए जो अंग्रेजी में Chaque अथवा Chaique का होगा। यदि हम हिंदी में इस शब्द को इसी रूप—'चेक'—में चलने दें तो परिणाम यह निकलेगा कि हमारे 'ए' के दो उच्चारण हो जायेंगे और अवैज्ञानिकता का दोष हमारी वर्णमाला में भी

आ जायगा। और अंग्रेजी के Cheque जैसे इक्का दुक्का शब्द ही अपने मौलिक रूप में हमारी भाषा में नहीं आए हैं वरन् ऐसे दर्जनों उदाहरण दिए जा सकते हैं। तनिक इन शब्दों पर विचार कीजिए—

Locket, Lecturer, Pendant, Restaurant, Pen, Set

उपरिलिखित प्रस्ताव के अनुसार ये शब्द इस प्रकार लिखे जायेंगे :

लौकॅट, लॅक्चरार, पॅंडॅंट, रॅस्टोराँ, पॅन, सॅट,
टॅलीफ़ोन, प्रॅस, लॅफ्टिनॅंट, पॅंशन, सॅंट

Telephone, Press, Leutenant, Pension, Scent

(४) नागरी लिपि का स्वर 'ओ' इस प्रकार के शब्दों में दृष्टिगोचर होता है :

खोल, रोटी, घोड़ा

Go Old Sole

इस स्वर का ह्रस्व रूप अंग्रेजी के इन शब्दों से स्पष्ट हो जायगा :

Obey, Anatomy, Pshychogy

इस स्वर का काम भी हम 'ओ' की मात्रा से ही निकल लेते हैं, किंतु वास्तव में इसके लिए पृथक चिह्न होना चाहिए। ऐसा नहीं है कि यह स्वर हमारी भाषा में कहीं दिखाई ही न पड़ता हो। तनिक ग्रामीण भाषा के इन शब्दों पर विचार कीजिए :

ओकरे, ओसारा, ओपरा, कोऊ, कोऊ

इन समस्त शब्दों में वही ह्रस्व 'ओ' उच्चरित हो रहा है। इसके अतिरिक्त बिहार में ओढ़नी का उच्चारण वह नहीं है जो उत्तर प्रदेश में। इस प्रदेश में ओ पूरा बोला जाता है, बिहार में ह्रस्व रूप में।

अपने प्रस्ताव के अनुसार हम उपरिलिखित शब्दों को इस प्रकार लिखेंगे–

आॅकरे, आॅसारा, आॅपरा, काॅऊ काॅऊ।

(५) हम अध्याय (४) में लिख आये हैं कि अंग्रेजी के शब्द

God, Hockey, Orb, Lawn

नागरी लिपि में इस प्रकार लिखे जायेंगे–

गौड, हौकी, औबं, लौन

अब रहा इसी वर्ग का ह्रस्व स्वर। उक्त स्वर अंग्रेजी के इन शब्दों में समाविष्ट है :

Voluptuous, Concoct, Loquacious

हिन्दी में इस स्वर का प्रयोग प्रायः नहीं होता किंतु बंगाली जब 'रवींद्र' नाम का उच्चारण करते हैं तो र और वी के बीच में जिस स्वर का प्रयोग करते हैं, वह प्रायः वही है जिसे हम 'औ' का ह्रस्व रूप कहेंगे और जो उपरिलिखित अंग्रेजी शब्दों में प्रयुक्त होता है।

यह बात ध्यान देने योग्य है कि बीच वाले शब्द Concoct में ह्रस्व और दीर्घ 'औ' दोनों प्रयुक्त हो रहे हैं।

हमारे सिद्धांत के अनुसार उपरिलिखित शब्द इस प्रकार लिखे जायेंगे—

वा लप्चुअस, का न्कौक्ट, ला केशस।

हम ऊपर यह प्रस्ताव कर आये हैं कि मात्राओं का ह्रस्व रूप व्यक्त करने के लिए उन्हें उलट कर बायें हाथ के बदले दाहिने हाथ पर लगाया जाय। एक प्रस्ताव यह भी हो सकता है कि मात्रायें उलट कर नीचे से ऊपर लगाई जायं

जैसे के बदले

इस प्रस्ताव में एक दोष है। हम जानते हैं कि मुद्रण में बहुत सी मात्राओं की घुंड़ियाँ टूट जाती हैं। ऐसी दशा में ह्रस्व और दीर्घ दोनों प्रकार के ए की मात्रा इस प्रकार की दिखाई देगी :

एक उपाय और भी है : मान लीजिए कि हम यह सिद्धांत प्रतिपादित करते हैं कि जब किसी मात्रा की घुंडी तोड़ दी जाए और मात्रा का आकार भी छोटा कर दिया जाए तो वह उसी स्वर के ह्रस्व रूप का निरूपण करे। इस प्रस्ताव पर एक आपत्ति तो वही रहेगी जो ऊपर दी है, अर्थात् घुंडियाँ टूटने वाली। दूसरी बात यह है कि हम मात्रा की लम्बाई की क्या मापिनी रक्खेंगे ? मान लीजिए कि हमने यह मानक निर्धातित किया कि

दीर्घ स्वर की मात्रा १ सेमी लंबी और ह्रस्व वाली ½ सेमी लंबी होनी चाहिए। मुद्रण और मुद्रलेखन में तो यह नियम निभ जाएगा। किंतु जब कोई लेखक हाथ से लिखने बैठेगा तो कोई पैमाना लेकर तो बैठेगा नहीं। यदि उसकी मात्राएं पौन सेमी लंबी हों तो वह कौन से स्वर का निरूपण करेंगी, ह्रस्व का या दीर्घ का? घुंडी वाला नियम भी बैठ नहीं पाएगा क्योंकि हाथ से लिखने में तो यों भी लेखक घुंडियाँ नहीं लगाया करते।

इन सब बातों पर विचार करके हम तो इसी निष्कर्ष पर पहुंचे हैं कि मात्राओं को उलट कर दाहिनी ओर लगाना ही अधिक वांछनीय होगा।

(६) हमने अंग्रेजी के Table को हिन्दी लेखकों को चार प्रकार से लिखते देखा है:

टेबल, टेबिल, टेबुल, टेब्ल।

वास्तव में ये चारो रूप अशुद्ध हैं क्योंकि इनमें से कोई भी उक्त ध्वनि को यथार्थ रूप में व्यक्त नहीं करता। ब और ल के बीच में कोई स्वर नहीं है। ब, ल में ही आत्मसात हो जाता है। या यों कहिये कि दोनों एक दूसरे में इस प्रकार गुंथ जाते हैं कि एक का दूसरे से अलग करना दुस्तर हो जाता है। ऊपर जो हमने यह शब्द चार प्रकार से लिखा है उन सब में हम यह कह सकते हैं कि यहाँ तक ब है, और इसके बाद ल। किन्तु अंग्रेजी शब्द Table के उच्चारण में यह भेद करना कठिन हो जाता है।

ज्यों ही हम ब का उच्चारण आरम्भ करते हैं, ल का उच्चारण भी उसके साथ ही आरम्भ हो जाता है। हिंदी के किसी भी शब्द में ऐसा उच्चारण है ही नहीं! अतः हमें इसके लिए एक नया चिह्न बनाना पड़ेगा। हमारा प्रस्ताव है कि अंग्रेजी के ऐसे शब्द इस प्रकार लिखें जायं :

टेबल, अंकल, पीपल।

यह चिन्ह हिन्दी वालों के लिये सर्वथा नया नहीं है; संगीत संबंधी पुस्तकों में बराबर प्रयुक्त होता है।

(७) पिछले पद में हमने इस चिह्न

का प्रयोग इस अर्थ में किया है कि दो ध्वनियाँ एक दूसरे में गुथ जायं। इसी सिद्धांत के अनुसार हम अंग्रेजी के शब्द :

Right, Might, Tight

इस प्रकार लिखेंगे :

राइट, माइट, टाइट।

वास्तव में इन समस्त शब्दों में यह नया चिह्न लगाने से दोनों ध्वनियों के प्रकार में अन्तर नहीं पड़ता, केवल उन्हें एक साथ जल्दी से उच्चरित कर देना होता है।

हम यहाँ अंग्रेजी के और भी कई प्रकार के शब्द देते हैं जिनमें दो स्वरों को एक साथ मिला कर बोलना पड़ता है।

	अंग्रेजी	हिन्दी
(क)	Piety	पायटी
	Society	सोसायटी
(ख)	Point	पौइंट
	Moitra	मौइत्रा
(ग)	Joint	जौयंट
	Moiety	म्वायटी
	Coimbatore	कौयम्बटौर
(घ)	Flour	फ्लोअर
	Sour	सौअर
(ङ)	South	साउथ
	Mouth	माउथ
	Gout	गाउट
(च)	Bear (to)	बेअर
	Share	शेअर
	Chair	चेअर
	Mayor	मेयर

यह थोड़े से उदाहरण हैं। संभव है अंग्रेजी में ऐसी और भी ध्वनियाँ हों और उनके लिए भी हमें कुछ और नये चिह्न निर्धारित करने पड़ें। किंतु प्रयत्न यह होना चाहिये कि उक्त चिह्न ऐसे हों जो सर्वथा नवीन न हों, अन्यथा हमारे प्रेसों के मार्ग में एक कठिनाई और बढ़ जायगी।

१२

उपसंहार

यह पुस्तक पिछले ३४ वर्ष के मनन और चिन्तन का फल है। इसमें दिये हुए विचार धीरे-धीरे विकसित हुए हैं और और अब बहुत कुछ परिपक्व हो चुके हैं। तिस पर भी यह समझना भूल होगी कि अब इन विचारों में कोई परिवर्तन होगा ही नहीं।

देश में इस समय हिन्दी साहित्य के सृजकों की कोई कमी नहीं है। आलोचकों की गिनती भी कदाचित सैकड़ों में पहुँचे। किन्तु हिन्दी भाषा और भाषा विज्ञान के क्षेत्र के कार्यकर्ता बहुत कम हैं। और नागरी लिपि पर विचार करने वाले साहित्यिक तो कदाचित उंगलियों पर गिनने योग्य ही हैं। यही कारण है कि यह क्षेत्र प्रायः अछूता रह गया है। यदि इस क्षेत्र के लेखक भी प्रचुर संख्या में होते तो पत्रिकाओं में इस विषय पर भी धड़ल्ले से लेख निकलते रहते। इस प्रकार विचारों का आदान प्रदान होता रहता। तब कुछ प्रस्ताव निखर कर हिन्दी जगत के सम्मुख आते जो वास्तव में मूल्यवान होते। जब से इस पुस्तिका का मुद्रण आरंभ हुआ है, तब से कई प्रकार के अन्य विचार भी हमारे मस्तिष्क में आये हैं। अतः यदि इसका दूसरा संस्करण

प्रकाशित हुआ तो संभव है कि वह इससे आकार प्रकार में बहुत बड़ा हो।

हम अध्याय 5 में यह बता चुके हैं कि हमारे प्रेसों के लिये केवल निम्नलिखित 24 प्रकार के युक्ताक्षरों की मुद्रियाँ रखना आवश्यक है।

(1) छ्व ट्ट ट्ठ ड्ड ड्ढ =5
(2) द्ग द्घ द्द द्ध द्न द्ब द्भ द्य द्व =9
(3) छ्र ट्र ठ्र ड्र ढ्र द्र =6
(4) क्र फ्र र्ं श्र =4

हमने अध्याय 9 में यह लिखा है कि यदि हमारे प्रस्ताव स्वीकार कर लिये जायँ तो जो 4 युक्ताक्षर यहाँ चौथी पंक्ति में दिये हुए हैं, उनकी मुद्रियाँ रखने की कोई आवश्यकता नहीं रह जायगी। अतएव प्रश्न केवल 20 युक्ताक्षरों का रह जाता है। अब इन 20 में से तनिक इन 4 युक्ताक्षरों पर विचार कीजिये :

ट्ट ट्ठ ड्ड ड्ढ

यदि ऐसे युक्ताक्षरों को हम हल चिह्न लगाकर लिखें तो कोई विशेष हानि नहीं होगी। मान लीजिये कि हम 'गट्टा' को इस प्रकार :

'गट्‍टा'

लिखते हैं। इस शब्द को लोग 'गटटा' पढ़ेंगे, ऐसी आशंका बहुत ही कम है। अतएव इन चारों युक्ताक्षरों के लिए तो पृथक

मुद्रियों का रखना अनावश्यक है। अब निम्नलिखित 9 युक्ताक्षरों पर विचार कीजिये :

द्ग द्घ द्द द्ध द्न द्ब द्भ द्म द्व =9

स्पष्ट है कि यदि 'द' का स्वर रहित रूप उपलब्ध हो जाय तो इन 9 मुद्रियों के बदले 'द' के केवल उस रूप को रखने से 8 मुद्रियों की बचत हो जायगी। हमारे मन में यह विचार आ रहा है कि यदि 'द' की घुंडी को नीचे निकालने के बदले आगे बढ़ा दिया जाय जैसा अंग्रेजी के d में होता है तो वो स्वर रहित 'द' का काम दे सकता है। उक्त अक्षर में यह भाव भी निहित है कि 'द' का यह रूप अगले अक्षर से मिलने के लिये अग्रसर है। अतः उक्त चिह्न 'द' के स्वर रहित रूप के लिये उपयुक्त रहेगा।

अब हम मुद्रलेखन के क्षेत्र में आते हैं। हम अध्याय 10 में यह दिखा चुके हैं कि यदि हमारे प्रस्ताव स्वीकृत कर लिये जाय तो केवल 14 युक्ताक्षर ऐसे हैं जिनका समावेश मुद्रलिख में नहीं हो सकता। उनमें से 9 तो द-युक्त अक्षर है जो ऊपर दिए हुए हैं। यदि हमारा 'द' संबंधी उपरिलिखित प्रस्ताव स्वीकृत कर लिया जाय तो केवल 'द' की स्वर-रहित-मुद्री के द्वारा उक्त 9 युक्ताक्षरों का मुद्रलेखन हो सकता है।

अब केवल निम्नलिखित 5 युक्ताक्षरों का प्रश्न रह जाता है :

छ्व ट्ट ट्ठ ड्ड ड्ढ

इनमें से पिछले 4 के विषय में तो हम अपने विचार ऊपर व्यक्त कर ही चुके हैं। जो पाँचवाँ युक्ताक्षर 'छ्व' बच रहता है

उसकी वारम्वारता इतनी कम है कि अभी उसका विचार छोड़ सकते हैं।

इस प्रकार हम देखते हैं कि यदि हमारा 'द' संबंधी प्रस्ताव स्वीकृत हो जाय तो युक्ताक्षरों के मुद्रण और मुद्रलेखन की समस्या सदैव के लिये हल हो जायगी।

हमने अध्याय 10 में कहा है कि हमारे मुद्रलिख में 10 मुद्रियाँ बच रहेंगी जिनपर विशिष्ट चिह्न बिठाने से विशेषित कुंजीपटल तैयार हो सकते हैं। यदि उक्त 10 में से एक कुंजी 'द' के स्वर रहित रूप के लिए निर्धारित कर दी गई तो विशेषित कुंजी पटलों के लिए 9 कुंजियाँ रह जायँगी।

*

अन्त में हमें कुछ पारिभाषिक शब्दों पर विचार करना है। कदाचित हमारे पूर्वज शब्दों के अर्थों के सूक्ष्मान्तरों पर विचार नहीं किया करते थे। तनिक इन शब्दों—वर्ण और अक्षर—पर विचार कीजिये। यह दोनों प्राचीन समय से character और letter दोनों के लिये प्रयुक्त होते रहे हैं।

भाषा का मौलिक रूप बोली है। मूल धातु भाष् का अर्थ ही है बोलना। जब मनुष्य ने सबसे पहले भाषा का स्वरूप स्थिर करने का प्रयत्न किया होगा, तब सबसे पहले उन ध्वनियों की सूची बनाई होगी जिनका समावेश उसे अपनी भाषा में करना होगा। इस प्रकार भाषा के ऐतिहासिक विकास में सबसे पहला

स्थान 'ध्वनिमाला' का होगा। सैकड़ों हजारों वर्षों पश्चात् जब यह आवश्यक हो गया कि किसी का संदेश एक स्थान से दूसरे स्थान पर भेजा ज़ाय, अथवा भावी पीढ़ी के लिए सुरक्षित रक्खा जा सके, तब लिपि की आवश्यकता प्रतीत हुई होगी। अतएव प्रत्येक ध्वनि के लिये एक निश्चित चिह्न निर्धारित किया गया होगा। जब हम मुँह से 'क' का उच्चारण करते हैं, तब वह केवल एक ध्वनि है। जब हम उसे लिखित रूप

क

देते हैं, तब वह एक वर्ण का रूप धारण कर लेता है और नागरी लिपि का अंग बन जाता है।

आधुनिक विज्ञान हमें बताता है कि जो ध्वनि हमारे मुख से निकलती है, आकाश में व्याप्त हो जाती है किंतु कभी विलीन नहीं होती। संभव है किसी दिन विज्ञान ऐसे यंत्रों का आविष्कार कर ले जो समस्त भूतकालिक ध्वनियों को पकड़ कर हमको दुबारा सुनवा सके। तब हम भगवान कृष्ण का गीता पाठ उन्हीं के मुख से सुन सकेंगे और भगवान राम के धनुष भंजन की टंकार भी। इसलिए नागरी की प्रत्येक ध्वनि को 'अक्षर' कहा गया क्योंकि उसका कभी 'क्षय' नहीं होता।

पुराने समय में आधुनिक ढंग की स्याही तो होती नहीं थी। हम अनुमान लगा सकते हैं कि स्याही के स्थान पर भिन्न भिन्न प्रकार के रंगों से काम लिया जाता होगा। यही कारण होगा कि

अक्षरों के लिखित रूप को 'वर्ण' कहा गया। इस प्रकार ध्वनियों के चिह्नों की माला को 'वर्णमाला' कहने लगे।

इसी के साथ हमें अंग्रेजी के शब्द Syllable पर विचार करना होगा। आजकल एक विवाद यह भी छिड़ा हुआ है कि नागरी रोमन की भाँति वर्णिक (Alphabetic) लिपि है या आक्षरिक (Syllabic) लिपि। नागरी का प्रत्येक अक्षर आत्म पूर्ण है। जब हम 'ट' बोलते हैं तो उक्त ध्वनि की रचना इस प्रकार है :

ट = ट् + अ

किंतु अंग्रेजी का t आत्म पूर्ण नहीं है। इसका ध्वन्यात्मक मान ट् है, न कि टी। अतः t का उच्चारण करने के लिये इसके पश्चात् कोई स्वर लगाना पड़ता है। इस प्रकार रोमन अक्षर t कोई Syllable नहीं है, केवल एक अपूर्ण ध्वनि है जो स्वयम् बोली ही नहीं जा सकती और नागरी ध्वनि ट स्वतः बोली जा सकती है। इसीलिए 'अक्षर' को Syllable का समार्थी भी मान लिया गया। इस तर्क के अनुसार नागरी एक 'आक्षरिक' लिपि बन जाती है।

किंतु इस समस्या का एक पक्ष और भी है। जब हम हिन्दी में 'पश्चात्' लिखते हैं तो इसमें Syllable दो हैं किन्तु वर्ण चार हैं, जिनमें से दो सस्वर हैं और दो स्वररहित। इस प्रकार स्पष्ट है कि नागरी लिपि का प्रत्येक वर्ण एक Syllable है किन्तु प्रत्येक Syllable में एक ही वर्ण नहीं होता। अतएव, इस विचार से नागरी Syllabic नहीं Alphabetic लिपि मानी जायगी।

ये तो रहे तर्क। इस पुस्तिका में हमने समार्थकों की वही प्रणाली अपनाई है जो परम्परागत है, किंतु हमारे विचार में अब यह आवश्यक हो गया है कि समार्थकों का मानकीकरण हो जाय और Syllable के लिये एक नया शब्द बना लिया जाय। हमारा प्रस्ताव इस प्रकार है :

Character	(ध्वनि)	=अक्षर
Alphabet	(ध्वनिमाला)	=अक्षरमाला
Letter	(लिखित चिह्न)	=वर्ण
Alphabet	(चिह्नमाला)	=वर्णमाला
Syllable		=शब्दांश
Syllabic Language		=शब्दांशिक भाषा
Alphabetic Language		=आक्षरिक भाषा
Script		=लिपि

'अनुस्वार' का समार्थक पद है Nasal Sound और उसका चिह्न है बिन्दी जो शिरोरेखा के ऊपर लगाई जाती है। यह ऐसे शब्दों में मिलता है :

हंस, संयम, संसार

'अनुनासिक' पाँच प्रकार के होते हैं जिनके चिह्न ये पाँच पंचम वर्ण हैं—

ङ् ञ् ण् न् म्

इनको कुछ लेखक अंग्रेजी में Pure Nasal Sounds कहते हैं।

किन्तु इनके अतिरिक्त एक अन्य नासिक ध्वनि भी होती है जिसका चिह्न ँ है।

इसके लिये हिन्दी में कोई विशिष्ट नाम नहीं है। इसके उदाहरणों के लिये हम ये शब्द देते हैं :

हँस, चाँद, खाँसी

हंस और हँस में वास्तविक अन्तर है। हंस में नासिक ध्वनि ह के पश्चात् और स के पहले पड़ती है, किन्तु हँस में नासिक ध्वनि ह के साथ इस प्रकार गुँथी रहती है कि दोनों को एक दूसरे से अलग नहीं किया जा सकता। इसका नामकरण हमने इस प्रकार किया है :

अल्पानुस्वार Semi-nasal sound

रोमन लिपि में दो प्रकार के अक्षर होते हैं : Capital letters और Small letters. आज तक लेखक इनके लिये 'बड़े अक्षर' और 'छोटे अक्षर' का प्रयोग करते रहे हैं। किन्तु मान लीजिये कि हम कहना चाहते हैं कि

Your capital letters are smaller than my small letters.

तो इसका अनुवाद करना कठिन हो जायगा। अतएव हमने यह नामावली अपनाई है :

Capital letter	राज अक्षर
Small letter	लघु अक्षर

Big letter (आकार में बड़ा अक्षर) बड़ा अक्षर

Small letter (आकार में छोटा अक्षर) छोटा अक्षर

अभी तक Linguist के दो अर्थ लगते चले आ रहे हैं :

1—जो कई भाषायें जानता हो।

2—जो भाषा विज्ञान (Linguistics) का विद्वान् हो।

इस भ्रम के निराकरण के लिए दूसरे अर्थ के लिये एक नये शब्द Linguistician का निर्माण हुआ है। अतएव हिन्दी में इन दोनों भावों की अभिव्यक्ति के लिए अब इन दो शब्दों का निर्धारण आवश्यक हो गया है :

1—भाषाविद = Linguist

2—भाषा विज्ञानी अथवा वैज्ञानिक = Linguistician

दो चार शब्दों का संबंध मुद्रलेखन से है। 'टाइप-राइटिंग' के लिये मराठी में 'मुद्रलेखन' चल रहा है। यह शब्द इस भाव के लिए बहुत उपयुक्त है। कुछ हिन्दी वाले इसके लिये 'टंकण' का प्रयोग करते हैं। यदि इस शब्द को स्वीकृत कर लिया जाय तो हमारी तत्संबंधी शब्दावली इस प्रकार की बनेगीः।

Typewriting	टंकण
Typewriter	टंकण-यन्त्र
Typist	टंकक
Typed	टंकित

इस शब्दावली के समर्थकों से हमारा नम्र निवेदन है कि जो पारिभाषिक शब्द नये बनाये जायें वह यथासाध्य कर्ण-प्रिय होने चाहिये। हमें उपरिलिखित शब्द बहुत ही कर्ण-कटु लगते हैं। स्वर्गीय डॉ० रघुवीर ने यन्त्रों के नामों के विषय में यह प्रणाली अपनाई थी कि वह यंत्र का अर्थ सूचित करने के लिये धातुओं में 'इत्र' लगा दिया करते थे। हम यहाँ उनके बनाये हुये इस प्रकार के तीन शब्द देते हैं :

Boiler	बाष्पित्र
Counter	गणित्र
Generator	जनित्र

इसी सिद्धान्त के अनुसार उन्होंने Typewriter के लिए 'मुद्रलेखित्र' बनाया। इसके अतिरिक्त जब कोई शब्द लम्बा दिखाई देता था, वह उसका संक्षेपण कर दिया करते थे। अतः उन्होंने 'मुद्रलेखित्र' का संक्षिप्त रूप 'मुद्रलिख' बना लिया। हमें यह प्रणाली बहुत पसंद है। इस प्रकार हमें ये शब्द प्राप्त होते हैं :

Typewriting	मुद्रलेखन
Typewriter	मुद्रलिख
Typist	मुद्रलेखक
Typed	मुद्रलिखित

कुछ हिन्दीविद 'मुद्रलिख' का इसलिये विरोध करेंगे कि कदाचित इस प्रकार का संक्षेपण संस्कृत व्याकरण के नियमों से सिद्ध नहीं किया जा सकता। इस तर्क का उत्तर हम इस पुस्तिका में कई स्थानों पर दे चुके हैं। हम अंग्रेजी शब्द 'टाइपराइटर' को भी अपनाने को तैयार हैं। किंतु दूसरी भाषाओं से संज्ञायें ले लेने में कोई कठिनाई नहीं है परन्तु क्रियायें लेते समय बहुत कुछ सोचना पड़ता है क्यों कि उनसे बहुत से व्युत्पन्न शब्द निकलते हैं। यदि संज्ञा 'टाइपराइटर' को अपना लिया जाय तो कदाचित क्रिया 'टाइपराइटिंग' भी लेनी पड़ेगी। तब इन शब्दों का क्या होगा :

Typed, typewritten, Typographical ?

यहाँ अंग्रेजी के शब्द Type पर भी विचार कर लेना चाहिये। भिन्न-भिन्न लेखक इसके लिए 'मुद्रा' अथवा 'मुद्री' का प्रयोग करते हैं। हमारे विचार में इसके लिए 'मुद्री' निर्धारित करना चाहिये क्योंकि 'मुद्रा' के और भी अनेक अर्थ हैं।

Keyboard के लिये कुछ लेखक 'कुंजीपटल' का प्रयोग करते हैं, कुछ 'मुद्रीपटल' का। हमारे विचार में मुद्रीपटल, मुद्रलिख के उस अंग के लिए निर्धारित होना चाहिये जिसमें मुद्रियाँ होती हैं। इसे कुछ लेखक basket कहते हैं। Keyboard, अर्थात् मुद्रलिख का वह अंग जिसमें बटन अर्थात् कुंजियाँ होती हैं, 'कुंजीपटल' ही कहलाना चहिये। यों समझना

चाहिये कि कुंजीपटल मुद्रलिख का वह फलक है जो सामने रहता है और जिसपर बटन लगे रहते हैं। प्रत्येक बटन पर दो दो चिह्न रहते हैं जिनपर उँगलियाँ पड़ती हैं। मुद्रीपटल मुद्रलिख का वह अंग है जो पीछे रहता है। इसमें फौलाद की मुद्रियाँ लगी रहती हैं और यह ढक्कन से ढका रहता है। यही अंग काग़ज पर अक्षर मुद्रित करता है।

***

ग्रन्थावली

1. आगा हैदर हुसैन : अक्षरों का आरंभ और भाषा विज्ञान, राजकमल प्रकाशन, दिल्ली (१९५८)
2. गोपाल लाल खन्ना : हिन्दी का सरल भाषा विज्ञान, नागरी प्रचारिणी सभा, काशी (सं० 2004)
3. गौरीशंकर हीराचन्द्र ओझा: (क) भारतीय प्राचीन लिपि माला-राजपूताना संग्रहालय, अजमेर सं० 1975।
   (ख) नागरी अंक और अक्षर, साहित्य सम्मेलन, हिन्दी प्रयाग सं०, 2001।
4. धीरेन्द्र वर्मा (क) विचार धारा, साहित्य भवन लिमिटेड, इलाहाबाद सं० 2005-ख (5)।
   (ख) हिन्दी भाषा और लिपि-हिन्दुस्तानी एकेडमी, इलाहाबाद सन् 1966।
5. नागरी प्रचारिणी सभी के विगत 60 वर्षों का सिंहावलोकन, संवत् 1950-2010।
6. बाबूराम सक्सेना : सामान्य भाषा विज्ञान, हिन्दी साहित्य सम्मेलन प्रयाग (1965)।
7. बाबराव विष्णु पाराड़कर : हिन्दी साहित्य सम्मेलन-27 वाँ अधिवेशन, शिमला, सं० 1995-सभापति का भाषण।

8. भोलानाथ तिवारी : भाषा विज्ञान, किताब महल, इलाहाबाद (1967)।

9. मदन गोपाल : भाषा, हिन्दुस्तानी कल्चर सोसायटी, 145, मुट्ठी गंज, इलाहाबाद (1951)।

10. महावीर सिंह गहलोत, उर्दू लिपि पर विचार, हिन्दी साहित्य मंदिर, घंटाघर जोधपुर, सन् 1945।

11. मुरलीधर श्रीवास्तव : शुद्ध अक्षरी कैसे सीखें, भारती भवन, पटना।

12. रमेश चंद्र मेहरोत्रा : भाषैषणा, प्रिंटिंग प्रेस, प्रकाशन विभाग, कानपुर (1968)।

13. रामचंद्र वर्मा : अच्छी हिन्दी, तेरहवाँ संस्करण, साहित्य रत्नमाला कार्यालय, वाराणसी (1967), प्रकरण 'हमारी आवश्यकतायें।

14. राममूर्ति मेहरोत्रा (क) लिपि विकास, साहित्य रत्न भण्डार आगरा सं० 2002।
(ख) भाषा-विज्ञान-सार, नागरी प्रचारिणी सभा सं० 2007, अध्याय 5।

15. शमशेर सिंह नरुला : हिन्दी और प्रादेशिक भाषाओं का वैज्ञानिक इतिहास, राजकमल प्रकाशन, दिल्ली 1957, अध्याय 12।

16. श्री निवास : प्रति संस्कृत देवनागरी लिपि, नागरी प्रचारणी [सभा, काशी सं० 2007

17. सत्यभक्त : लिपि समस्या, सत्याश्रम, वर्धा।

18. सीताराम चतुर्वेदी : भाषा की शिक्षा, हिन्दी साहित्य कुटीर, बनारस सं० 1966, अध्याय 5।

19. हरदेव बाहरीः हिन्दी-उद्भव, विकास और रूप, किताब महल, इलाहाबाद (1965)

1. A.C.Moorhouse : Writing and the Alphabet, Cobbet Press, London (1946).

2. Daniel Jones : A national script far India, Pioneer Press, Lucknow (1942).

3. G. Buhler : Indian Paleography, Indian Studies, Calcutta (1962).

4. I. Taylor : The Alphabet Vol. II, Kegan Paul, Trenche & Co. London (1883).

5. Madan Copal : This Hindi and Dev Nagri, Metropolitan Book Co.Ltd., 1. Faiz Bazar, Delhi (1653).

7. Report of the Hindi Typewriter and Teleprinter Committee, Ministry of Education, Govt. of India, 1958.

8. R. K. Yadav : The Indian Language Problem, National Publishing House, 26 A Jawaharnagar, Delhi (1966) : Chap. 4.

9. Uttar Pradesh Government : Abstract of the Proceedings of the Dev Nagri Script Rreform Conference held at Raj Bhavan, Lucknow, 28th, 29th Nov. 1953.

—: o :—

लेखावली

१. अरविन्द मालवीय — हिन्दी में अंग्रेजी-ध्वनि लेखन-भाषा १–४ (१९६१-२) १२७-९।

२. उत्तर प्रदेश सरकार — (१) २८ और २९ नवंबर १९५३ को लखनऊ में हुए देवनागरी लिपि सुधार सम्मेलन द्वारा स्वीकृत देव नागरी लिपि के परिवर्तनों का स्वरूप।

(२) उत्तर प्रदेशीय देवनागरी लिपि सुधार सम्मेलन, १९-२० अक्टूबर, १९५७।

३. उदयनारायण तिवारी : राष्ट्रलिपि का उद्गम और विकास, सरस्वती, जुलाई (१९५५) १२-५।

४. एक पत्रकार — देवनागरी लिपि में परिवर्तन, सरस्वती, जुलाई (१९५५)

५. कमल मोहन — खड़ी बोली हिन्दी की कुछ विशेषताएं, भाषा ६-२ (१९६७) २६-३५।

६. गोरख प्रसाद — नागरी लिपि में सुधार, सरस्वती, इलाहाबाद, जनवरी १९४८।

७. छैल विहारी मिश्र — संशोधित लिपि की कतिपय समस्यायें, भाषा तीन ३ (मार्च १९६४) १०७-८।

८. धर्मवीर गांधी — नागरी दूरमुद्रक का विकास-दैनिक आज बनारस

९. बच्चूलाल अवस्थी 'ज्ञान' : (१) ऋ और रि भाषा १-४ (१९६१-२) ७४-७।

(२) हिंदी शब्दों के विकास में फारसी लिपि तथा उच्चारण का योग भाषा ४ (१) (सितम्बर १९६४) ७८-८३।

१०. ब्रज मोहन — (१) नागरी लिपि में सुधार-मासिक कमला, बनारस, मई १९४४।

(२) राष्ट्रलिपि में सुधार १-दैनिक संसार, बनारस, १० अप्रैल १९४५।

राष्ट्रलिपि में सुधार २-दैनिक संसार, बनारस, ११ अप्रैल १९४५।

(३) नागरी लिपि में संशोधन-विशाल भारत, कलकत्ता, ३८ (१९४६) १८७-९१।

(४) नागरी लिपि के दोष-सरस्वती, इलाहाबाद ५० (१९४९) २०१-५।

(५) प्रति संस्कृत देवनागरी लिपि-साप्ताहिक संसार, बनारस (११-१२-५२) ७-१३।

(६) नागरी लिपि में सुधार-मासिक सरिता, दिल्ली (अप्रैल १९५५) १८-२३।

(७) नागरी लिपि में सुधार (२)–अजन्ता, हैदराबाद (अगस्त १९५६) (८) ३८-४१।

(८) हिंदी टंकण-यंत्र का कुंजी-पटल, नागरी प्रचारिणी पत्रिका, बनारस ६३ (२०१५) १६७-७५

(९) देवनागरी में अंग्रेजी शब्दों का उच्चारण-प्रज्ञा, काशी हिंदू विश्व-विद्यालय, वाराणसी-५ (१९६०) २४-२६।

(१०) मुद्रण और नागरी लिपि सुधार (१) भाषा २-१ (१९६२-३) २८-३८।

(११) मुद्रण और नागरी लिपि सुधार (२) भाषा (३-२) (दिसम्बर १९६३) १७-२१ ।

(१२) नागरी लिपि का रोमनीकरण–प्रज्ञा ९ (१), काशी हिन्दू विश्व-विद्यालय (अक्तूबर १९६३) ७१-८६

११. भगवान दीन मिश्र — राष्ट्र संगठन में देव नागरी का योगदान-भाषा २ (४) (जून १९६३) २२-३१ ।

१२. भारत सरकार समिति — (१) हिंदी की स्टैण्डर्ड टाइप मशीन का 'कीबोर्ड'-दैनिक आज, बनारस, मंगलवार १२ मार्च, १९५७ ।

(२) देव नागरी लिपि का संशोधन-दैनिक संसार, बनारस २, दिसम्बर १९५३ ।

१३. भोलानाथ शर्मा, सूरज प्रसाद गोयल — नागरी लिपि सुधार की समस्या एवं उसका समाधान–सरस्वती, इलाहाबाद, फरवरी ४९ (१९४८) १२९-३७ ।

१४. मदन मोहन विष्ट — देव नागरी लिपि सुधार-भाषा-१-४ (१९६१-२) १२५-६ ।

१५. मदन मोहन हरदत्त — वर्तनी और अक्षरी की एकरूपता-हिंदी प्रचारक, बनारस ।

१६. यशपाल जैन — हिंदी टाइपराइटर के संबंध में एक सुझाव-दैनिक आज, बनारस ।

१७. युगल — नागरी लिपि और उसमें सुधार-विशाल भारत ४१ (मई १९४८) ३०२-५ ।

१८. रमादत्त शुक्ल — राष्ट्रलिपि पर संकट-सरस्वती (जनवरी १९५५) ४४-७ ।

१९. राजेन्द्र द्विवेदी — ध्वनि-अनुरूप लेखन-त्रैमासिक भाषा, केन्द्रीय हिंदी निदेशालय १ (२) (१९६१) २८-३२ ।

२०. रामकरण शर्मा — ज्ञ की समस्या-भाषा २-१ (१९६२-३) २५-७ ।

२१. राम कला नाथ शास्त्री: मातृभाषा का शारीरिक गठन-माधुरी २३ (१९४५) २३१-२ ।

२२. लक्ष्मी नारायण भारतीय — रोमन लिपि और राष्ट्रपति, विशाल भारत, कलकत्ता, २२ (१९३८) ५९४-९७ ।

२३. वासुदेवशरण अग्रवाल : देवनागरी लिपि आज (स्वतंत्रता विशेषांक १९६५) ।

२४. विश्वनाथ प्रसाद मिश्र: भाषा संस्कार समिति, दैनिक आज, बनारस–११ आश्विन सं० २००२ (सौर)

२५. श्यामलाल शर्मा — हिन्दी टाइपराइटर का बनना नितांत सरल है–दैनिक आज, बनारस।

२६. सिद्ध गोपाल काव्यतीर्थ : देव नागरी बनाम रोमन लिपि-विशाल भारत, ३३ (१९४४) ३१-३२।

२७. हरिश्चंद्र मैंगजीन — हिंदी वर्णमाला (१५ अप्रैल १८७४) १९१-४।

२८. हरिश सिंहल — देवनागरी लिपि में नवीन सुधार-योजना-सरस्वती इलाहाबाद, ४९ (१९४८-२) ५२१-४।

२९. हेमचंद्र जोशी — भाषा में ध्वनि-परिवर्तन के चमत्कार-भाषा १ (२) १५-८।

I. Brij Mohan

The reform of the Nagri Script I–the defects of the Nagri Script–Hindi Review, Banaras, II (1957) 19–27.

(2) The reform of the Nagri Script II—the decisions of the Lucknow Conference—Hindi Review, Banaras, II (1957) 51—8.

(3) The reform of the Nagri Script III—the decisions of the Lucknow Conference (contd.)—Hindi Review, Banaras, II (1957)—201-6.

(4) The reform of the Nagri Script IV—concluding suggestions--Hindi Review, Banaras, II (1957) 302-6.

Rejoinder Hindi Review Banaras II (1957) 366.

(5) The Keyboard of the Hindi Typewriter Prajna VII (1962) 145—56.

(6) The Nagri Script—Seminar (Monthly) Delhi 40 (1962) 28—33

II. M. S. Chauhan & N. S. Sapre

Morse signalling in Dev Nagri--Leader, Allahabad, October 5, 1943.

III. P. S. Ray

(1) The adoption of the Roman Script in India—-Quest, January, 1960.

(2) The problem of Romanisation-Seminar, P. B. 338, New Delhi-1.

IV. R. K. Yadav

The problem of Scripts in India, Prajna B. H. U. IX (i), October, 1963 (142-8)

V. S. Radhakrishnan

Plea for a uniform Nagri Script-Amrit Bazar Patrika, Allahabad, November 29, 1953.

VI. Suniti Kumar Chatterjee

A Roman Alphabet for India Calcutta University Journal for the Department of Letters (1935).

——

हिंदी-अंग्रेजी शब्दावली

अक्षर	Letter
अक्षरयोजन	Composition
अक्षरी, हिज्जे	Spelling
अधोरेखण	Underlining
अनुनासिक	Pure nasal
अनुस्वार	Nasal sound
अर्धगति कुंजी	Half-movement key
अर्धविराम	Semi-colon
अर्ध-स्वर	Semi-vowel
अल्पप्राण	Unaspirate
अल्प विराम	Comma
अल्पानुस्वार	Semi-nasal sound
आशुलिपि	Shorthand
उपविराम	Colon
ओष्ठ	Lip
ओष्ठ्य	Labial
कण्ठ	Throat
कण्ठ्य	Guttural
करन मुद्री	Kern type
काकपद	Caret

कुंजी, बटन	Key
कुंजीपटल, मुद्रीपटल	Keyboard
गतिहीन कुंजी	Dead Key
चित्रलिपि	Heiroglyphic
छोटा अक्षर	Small letter
जिह्वा	Tongue
टाइपराइटर, मुद्रलिख	Typewriter
तारिका	Asterisk
तालव्य	Palatal
तालू	Palate
दन्त	Tooth
दन्त्य	Dental
दूरमुद्रक	Teleprinter
दूरमुद्रण	Teleprinting
द्विस्वर	Diphthong
ध्वनि	Sound
ध्वनिविज्ञान	Phonetics
नासिक्‍	Nasal
पूर्णगति कुंजी	Full-movement key
पूर्ण विराम	Full stop
प्रतीक	Symbol
प्रतीक भाषा	Symbolic language

बटन, कुंजी	Key
बोली	Dialect
भागरेखा	Solidus
भाषा	Language
भाषाविज्ञान	Linguistics
महाप्राण	Aspirate
मात्रा	Sign
मानक	Standard
मुद्रलिख, मुद्रलेखित्र, टाइपराइटर	Typewriter
मुद्रलेखन	Typewriting
मुद्री, मुद्रा	Type
मुद्रीपटल, कुंजीपटल	Keyboard
मूर्धन्य	Cerebral
मूर्धा	Cerebra
मौखिक भाषा	Spoken language
युक्ताक्षर	Conjunct letter
राज अक्षर	Capital letter
लघु अक्षर	Small letter
लाइनोटाइप	Linotype
लिपि	Script
लिप्यंतरण	Transliteration
वर्ण	Character

वर्णमाला	Alphabet
वर्त्स	Vortex
व्यंजन	Consonant
शब्द	Word
शब्दांश	Syllable
शिरोरेखा	Headline
संकेत भाषा	Code language
संयुक्ताक्षर, युक्ताक्षर	Conjunct letter
सुवाह्य	Portable
स्वर	Vowel
ह्रस्व	Short
हिज्जे, अक्षरी	Spelling

—: o :—

अंग्रेजी-हिंदी शब्दावली

Alphabet	वर्णमाला
Aspirate	महाप्राण
Asterisk	तारिका
Capital letter	राज अक्षर
Caret	काकपद
Cerebra	मूर्धा
Cerebral	मूर्धन्य
Character	वर्ण
Colon	उपविराम
Code language	संकेत भाषा
Comma	अल्पविराम
Composition	अक्षरयोजन
Conjunct	संयुक्त
Conjunct letter	युक्ताक्षर, संयुक्ताक्षर
Consonant	व्यंजन
Dead key	गतिहीन कुंजी
Dialect	बोली
Diphthong	द्विस्वर
Full-movement key	पूर्णगति कुंजी

Full stop	पूर्ण विराम
Guttural, velar	कण्ठ्य
Half-movement key	अर्धगति कुंजी
Headline	शिरोरेखा
Hieroglyphic	चित्रलिपि
Kern type	करन मुद्री
Key	कुंजी
Keyboard	मुद्रीपटल, कुंजीपटल
Labial	ओष्ठ्य
Language	भाषा
Letter	अक्षर
Linguistics	भाषाविज्ञान
Lino type	लाइनोटाइप
Lip	ओष्ठ
Long	दीर्घ
Nasal	नासिक
(Pure) nasal	अनुनासिक
Nasal sound	अनुस्वार
Palatal	तालव्य
Phonetics	ध्वनिविज्ञान
Portable	सुवाह्य
Pronunciation	उच्चारण

Script	लिपि
Semicolon	अर्धविराम
Semi-Vowel	अर्धस्वर
Short	ह्रस्व
Shorthand	आशुलिपि
Sign	मात्रा
Small letter	(१)(आकार में) छोटा अक्षर
	(२) (राज अक्षर से भिन्न) लघु अक्षर
Sound	ध्वनि
Solidus	भागरेखा
Spelling	अक्षरी, हिज्जे
Standard	मानक
Syllable	शब्दांश
Symbolic language	प्रतीक भाषा
Teleprinter	दूरमुद्रक
Teleprinting	दूरमुद्रण
Throat	कण्ठ
Tongue	जिहवा
Tooth	दन्त
Transliteration	लिप्यंतरण
Type	मुद्री, मुद्रा
Typewriter	मुद्रलिख, मुद्रलेखित्र, टाइपराइटर
Typewriting	मुद्रलेखन

Unaspirate	अल्पप्राण
Underlining	अधोरेखण
Velar, guttural	कण्ठ्य
Vocal language	मौखिक भाषा
Vortex	वर्त्स
Vowel	स्वर
Word	शब्द

—: ० :—